宇宙を
味方に
つける

リッチマネーの秘密

はせくらみゆき

徳間書店

ひかりの道

はじめに

お金がもっとあればいいのに。
お金さえあれば、なんとかなる。
お金持ちになりたいなあ。

私たちの多くは、日頃からこんな願いを持って、毎日お金について、いろんな思いを発しています。

私たちの住む星——地球には、多くの宗教がありますが、一番影響力がある真の宗教は、「お金」という宗教？　なのかもしれないと思うほどです。

実際、生まれてから、肉体という地球服を脱ぐまで、お金は、あなたの人生にぴったりと寄り添っています。

もちろん、ベビーだった頃は、お金のことなどまるで関係なかったでしょうが、お洋服も、おもちゃやベビーシューズも、あなたのためにご両親が、お金を出して調えてくれたものです。

小学校入学と同時に使いだしたランドセル、遠足のおやつ、学生時代に入った部活動にかかる費用、映画代やデート代……お金はさまざまな姿に変化《へんげ》しながら、成長と共にあなたに寄り添っていました。

大人になったあなたは、お金をより身近に感じているでしょう。お金はあなたの暮らしと直結しているからです。

つまり、お金の歴史（HISTORY）とは、あなたを表す歴史（HIS STORY）の記録史である、ということです。

これからも、あなたのヒストリーは刻まれ、人生が創造されていくことでしょう。

そんなお金というエネルギーを、

どう使うのか？
何に使うのか？
どんな思いで使うのか？

どうしたら気持ちよくめぐり、貯まり、
お金の心配を一切しなくていいようになるのか？

同時に、
生きることが楽しくてしようがなくなり、
愛し、愛され、心身共に満たされた、
充実した暮らしを手に入れるには、いったいどうしたらいい？

本書は、その回答と方法論について書かせていただいた本です。

それは、びっくりするほど簡単で、シンプルな答えでもありました。

あまりにシンプルすぎて、「……へっ？」という声が聞こえてきそうなほどに。


私はそのことを、宇宙から教えてもらいました。

宇宙というのは、内なる叡智《えいち》とも置き換えられるもので、あらゆる情報が詰まっているゼロポイントフィールドでもあり、根源意識、普遍意識とも呼ばれる意識の時空のことです。

ここにポーン！　とアクセスすることで、さまざまな情報、ものごとがかたちなす前にあるエネルギーの核（想いのモトのモトのようなもの）がわかるようになります。

すべてはここから派生しているので、モトがわかれば、あとは簡単なのです。


こうして突き止《と》めた「お金」のエネルギーのもとにある姿。

同時に、宇宙を味方につけて豊かになれる、お金の使い方も教えてもらいました。

本当にそうなるのかどうか、素直に従って実践してみたところ、縁も円も運ばれて、さらに楽しく豊かになることがわかりました。

まわりの友人たちにも伝えたら、皆一様に豊かさがめぐる人になっていきました。

ある考え方をめぐらすだけで、こんなに変容するなんてビックリしました。


そういうわけで、いいことは分かち合うともっと楽しいので、こうして本に書いています。

読み終えたら、まさかと思いながらでもいいので、ぜひ試してみてください。

すると、今まで見ていたあなたの世界がガラリと変わることに気づくでしょう。

そこは、今まで見ていた世界よりも、温かくて楽しくて、ワクワクする時空です。

不安や心配にさいなまれることもなく、安心と喜びが湧き上がります。

そうして、精神的な豊かさと共に、物質的な豊かさもついてきて、いつのまにかリッチマネーな世界の住人となっているフィールドが、その時空なのです。

さすが、宇宙の深遠なる智慧《ちえ》は、こんな裏ワザを用意していてくれたんだな、と感動してしまいました。

では、始めましょう。

宇宙を味方につけるリッチマネーの秘密。

秘密の封印を解く、あなたの物語が始まります。

旅のナビゲーター

はせくらみゆき

もくじ

第二章

宇宙が教えてくれたお金の秘密

第三章

宇宙を味方につけるリッチマネーな暮らしへ

第四章

宇宙を味方につけるリッチマネーのことば

第五章

ブックデザイン　坂川栄治＋鳴田小夜子（坂川事務所）
カバー＆本文イラスト　鈴木麻子
編集協力　LIGHT HOUSE

第一章

お金って、なんだろう？

お金の定義づけをしてみよう

やってみたいことも行きたいところもあるけれど、先立つものがねえ……。

今月は家計が、ちょっと厳しいなぁ、うーん、どうしよう……。

……と、こんな感じで、私たちの多くは、いつも心のどこかでお金のことを考えていて、心配したり悩んだりしています。

一方、数はそれほど多くないかもしれませんが、お金の心配を全くしなくてもいい方たちもいます。

お金で人生を狂わす人もいれば、お金で人生を豊かにする人もいます。

たくさん持ってはいても、不幸そうな人もいれば、あまりなくても幸せそうな人もいます。

お金は、生まれてから死ぬまで、ずーっとあなたのそばにいて、あなたの人生にいろどりを与えると同時に、人生そのものを左右する強い力を持っています。

私たちが暮らす世界に、なくてはならない存在である「お金」。

あらためて、「お金」って、いったい何なのでしょう?


というわけで、今からあなたに、ある質問をしたいと思います。

次の行の空欄に適する言葉を、直感的にパッ!　と当てはめてみてください。

WORK 1「私にとって、お金とは——である」

さあ、どんな答えが浮かんできましたか?

私がこの質問をはじめて自身に投げかけた時、すぐに出てきた答えは、**「お金とは怖いものである」**でした。

なので、いつもビクビクしていました。

使うのも怖いし、お金のやりとりをするのもドキドキしながらしていました。

やがて、お金について、少し学ぶようになってから出てきた答えは、**「お金とはエネルギーである」**でした。

すると、怖さは消え、代わりに、お金は、流れていくエネルギーとして見えるようになりました。

心の動き（感情）としては、出ていくことや入ってくることに対して、以前より気にならなくなり、お金っていろんなものに姿を変える、実に便利でありがたいエネルギーだなぁと思うようになりました。

さて、この質問が意味しているところをお伝えしましょうね。

それは、**あなたがこの星・地球で、「お金」という存在とどう向き合い、表していきたいのかという、「基本設定」を示したもの**なのです。

基本設定とは、すなわち、あなた用のゲームルールというわけです。

お金についての解釈

私たちは皆、それぞれに思い描いたゲームルールに沿って生きています。

スポーツでも、きちんとゲームルールがあって、その枠内で勝敗が決まるように、私たちの思考のフィールドにも、自分なりのゲームルールを作って、そのルールに適うように、現実がつくられ、解釈をし、思いに沿った世界で暮らしています。

これはどういうことかというと、私たちは、一見、同じ世界に住んでいるように見えながら、**実際は、それぞれ別の世界に生きている**、ということなのです。

服装の好みや見たい番組が違うように、好きになる人や、休日の過ごし方も違うように、**百人いれば、百人百色の、異なる現実、異なる世界が存在しています。**

お金を「怖い」と規定するなら、お金は怖いものである、というゲームルールに則《のっと》った世界が展開しやすくなり、辻褄《つじつま》が合う現実が起こりやすくなります。

そして実際に起こった時には、「やっぱりそうだよね」という思いがさらに強くなるので、もっとその現実を引き寄せるようになるのです。

これを**量子力学的に見てみると、たくさんある可能性領域（波の状態）の中から、わざわざきちんと「お金は怖いものとして存在している時空」を選び取って、現実化（粒の状態）**している、ということなのです。

また、もし、「私にとって、お金とは生活に必要なものである」とするならば、生活に必要な程度のお金は得られると思いますが、贅沢をしたり、将来への投資を十分にするには、あまりゆとりがないかもしれません。

このように、私たちは、無限ともいえる可能性領域の中から、自らの心が決めた世界観に則って、世界を映しだし、見たい現実を見たいように見ている、というのが真実のようです（次ページ参照）。

エネルギーの質と物質化

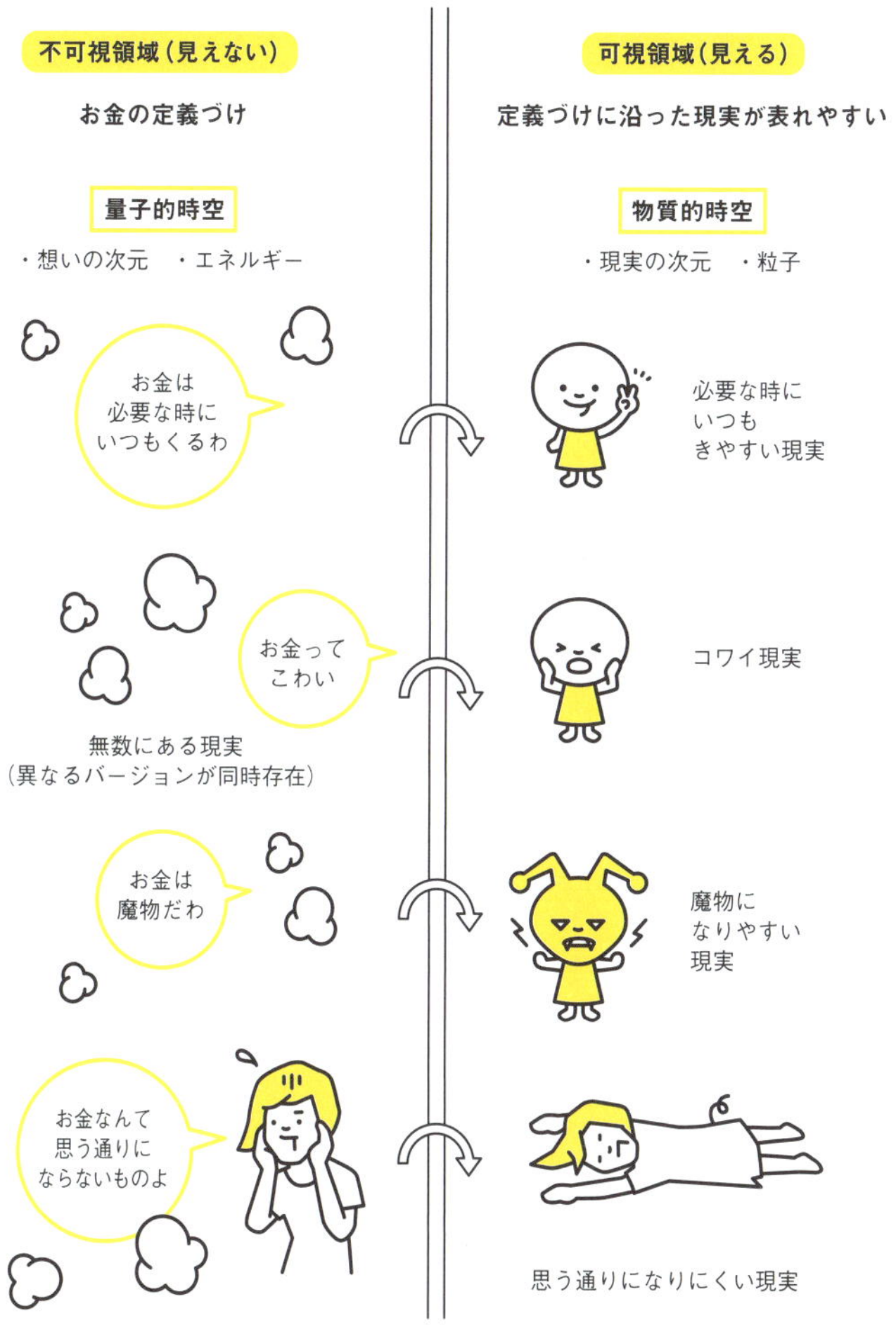

たくさんある現実の中から、想いに沿った量子（エネルギー）を選び出し、
粒子化（物質）している
想いの通り＝“想い通り”の現実を表してしまう

なぜ望む現実が表れない？

では、**「私にとって、お金とは豊かさを表す手段である」**

というふうに規定した場合は、どうでしょう？

この場合は、当然、豊かさを表す手段として、お金がどんどん豊かにめぐり、表していないとおかしいということになります。

けれども、もし、実際と違う場合は、どう考えたらよいのでしょう？

そんな時は、二つのとらえ方をします。

一つ目は、まず本当に心の底からそう思っているのか、ということに注目します。

たとえば、とりあえずそう言ってみただけで、心底思っているわけではないとか。あるいは、そうなったらいいなぁ、という願望を言ってみただけとか。

願望の場合は、裏を返せば、「私はまだ、豊かじゃないんです」サインをバシバシ送っているので、思いと言葉の間に温度差があり、どうもしっくりこないいんですね。量で考えてみても、言葉に出さずに思いがかけめぐっている時間のほうが圧倒的に多いので、「思いの量」－「言葉の量」＝思いの量の勝ち！　というわけで、結果として「まだ、豊かじゃない」現実を表しやすくなるのです。

言い換えれば、言ってはみるけれど、まだ疑いがあるうちは、なかなか成就しづらいんです、ということです。

現実の表れは、**信じる限界が表れる限界**であると考えています。

それも、信じるというのは、何かを信じていますとか、信じまーす、というレベルのものではなく、わざわざ言葉として表現せずとも、腹の底から絶対そうに違いないと思っている信じ方です。

これを別名、思い込みとか信念（信じている念）、観念と呼びます。

この**信念体系こそが、あなたを表す真のゲームルール（規定値）**だったんです。

ですので、言葉として「お金は豊かさを表す手段である」と言ったとしても、もし信念体系が「豊かになるには、それ相応の努力をしないと無理」とか、「自分はまだ、豊かじゃない」や、「なかなか豊かになれないのはなぜ？」といった思いの念を発信し続けていると、どうしてもそちらのほうが優勢になってしまうので、現実としては表れにくい、ということになります。

無意識化に根付く思い込みフィールド

さらに、もう一つ、私たち皆が持っている強固な信念体系――集合意識が形成している「思い込み」フィールドがあるんです。

それは潜在意識下にあります。

私たちの意識というのは、自覚できる意識のほかに、自覚できない意識――無意識の層がひろがっていて、まるで卵みたいに、三層構造となっています。ちょうど殻の部分が、見えている意識の部分で、顕在意識といい、白身の部分は潜在意識。黄身のところが超意識と呼ばれる、深奥《しんおう》の部分です。

比率でいえば、顕在意識は1割程度で残りの9割は無意識ともいわれています。

この無意識下にある**潜在意識には、たくさんのメモリーがデータ保存されています。そこには個人の記憶から、人類全体の記憶や宇宙といった、膨大な量の記憶が保存されているのです**（次ページ参照）。

潜在意識には、お金に関するデータも入っていて、その中には、自身が学習・体験したお金の記憶――親から教わった教えとか、自身の経験や感情といった個人のメモリーを始め、他の人や人類に至るまで、古今東西経験した、お金にまつわるさまざまなメモリーが、きっちりデータ保存されています。

とりわけ強固なのが、貨幣システムが普及してからの、お金に関する悲しくて暗い

意識の三層構造

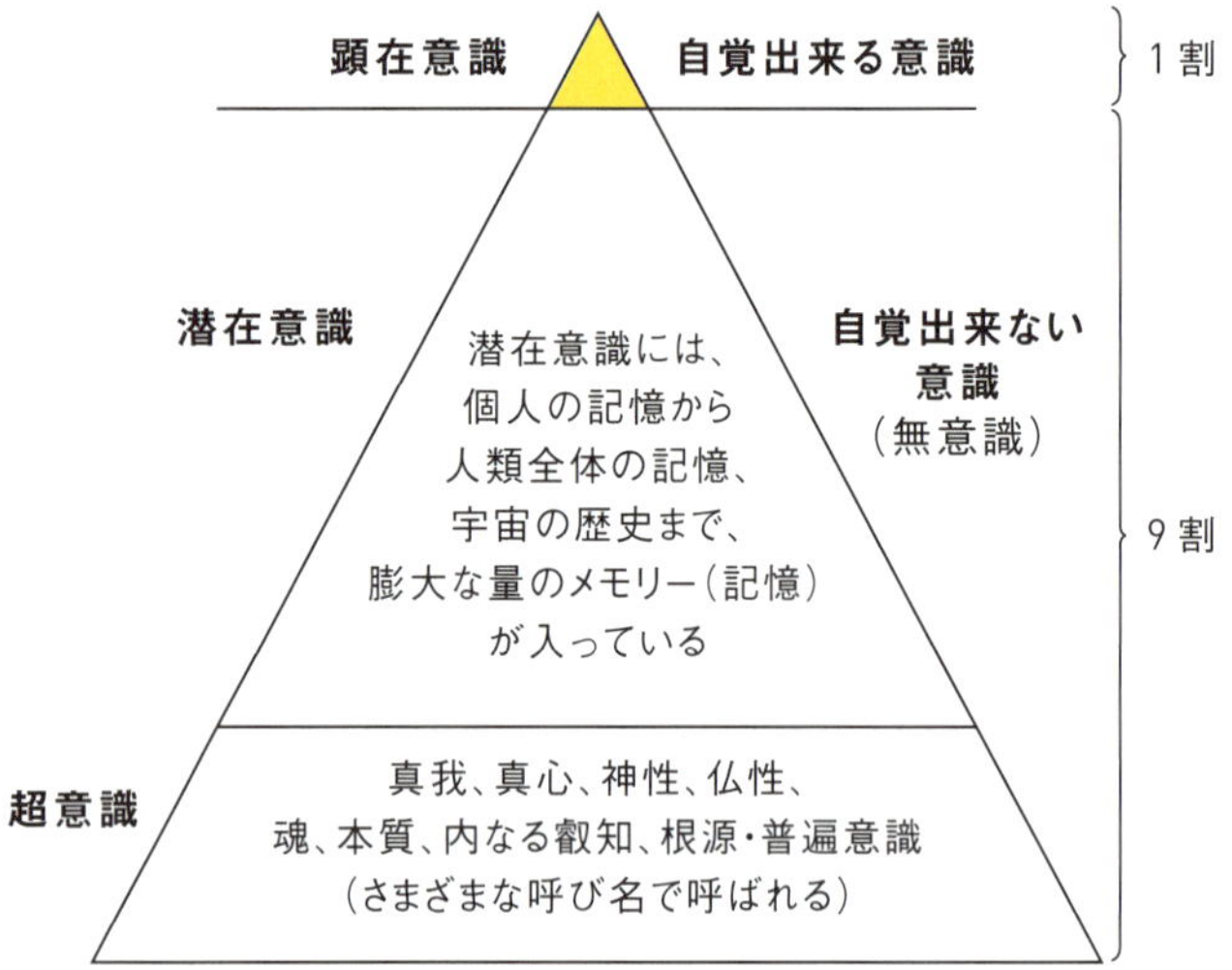
顕在意識
自覚出来る意識
1割
潜在意識
潜在意識には、
個人の記憶から
人類全体の記憶、
宇宙の歴史まで、
膨大な量のメモリー（記憶）
が入っている
自覚出来ない
意識
（無意識）
9割
超意識
真我、真心、神性、仏性、
魂、本質、内なる叡知、根源・普遍意識
（さまざまな呼び名で呼ばれる）

記憶の数々です。お金が原因で身売りをしないといけなかったり、いのちを落とすほどの苦悩だったりと、重くて濃密な感情の記憶が、お金の記憶とがっちり結びついているのです。

このフィールドと共振共鳴してしまうと、私たちはなかなか、お金の不安から解き放たれることはできません。

けれども集合意識としてあるメモリーは、私たち皆の中に根付いているので、そう簡単にはOFFモードにはならないのです。

この**メモリーを作動させないコツは、お金に対する恐怖や不安、心配を持たないこと**です。

つまり、自分が不安や心配の感情(=脳内から出す電気信号、波)を抱くたびに、集合意識の想念場と共振共鳴して、ますます不安や心配の想いが強まるサイクルになるので、同じ波動(不安・心配・恐怖)を出さなければいいということなんです。

そうすると、共鳴しないので、そこの集合意識ともつながらないんですね。

……そんなことといったって、不安や心配なんて、そうそう簡単に消えるものじゃないよ。思うなと言われても、勝手に思っちゃうよぉ～！

という声が聞こえてきそうです。

そりゃあ、そうですよね。なので、私は宇宙に聞いてみたんです。

それは、どんなに不安や心配があろうが、無意識化にあるメモリーがドヨーンと重かろうが、ちゃーんと豊かに満ちたりて、幸せな人生を送ることができるビックリの方法は何か？　って。

その方法が……**お金の秘密を知って動く**、というものでした。

お金はどうやって稼ぐ？

ではここで再び、質問です。

あなたはお金に対して、日頃どんなふうに思っていますか？

書き込んでみてください。

たとえば……、

WORK 2

1 お金は、どうやって稼ぐ?

2 どのようにして増やす?

3 どうしたら支出を減らせる?

4 親からお金について教わった教えは?

さあ、いかがだったでしょうか。
では、一例を挙げてみますね。

1 お金はどうやって稼ぐ？　↓　頑張って働いて稼ぐ。
2 どのようにして増やす？　↓　頑張って貯金する。
3 どうしたら支出を減らせる？　↓　節約、倹約、衝動買いしない。
4 親からお金について教わった教えは？
↓・お金は、汗水たらして得るものである。
・お金の話をするのは、はしたないからやめなさい。
・努力して頑張れば成功する（お金もやってくる）。

自分の文を見返してみてください。
同じようなフレーズや概念はありますか？

こうしてみると、自分って、けっこう真面目なんだなとか、親が言っていたことをそのまま自分の信念にしてしまっているな、とか、いろんな気づきがあるのではないでしょうか?

また、前述の論理を当てはめてみると、あなたとお金に対する向き合い方の基本設定値――このゲームルールを通して、私は、お金を稼いだり貯めたりしているんだな、ということが見えてくるようになります。

考えてみたら、学校で勉強はいやというほどしたかもしれないけれど、お金に関する勉強は、あまりしたことがないことに気づきました。

もし、学ぶとしても、お金の増やし方や借り方――たとえば、株や保険、投資信託、ローンやキャッシングといった、お金にまつわる知識や運用の話であって、お金そのもののお話ではありません。

つまり、DOING（やり方）は学んでも、その奥にあるBEING（あり方）は、あまり意識しないまま、ここまできてしまったことになるんです。

けれども、**真に大事なものは、見えない根っこであるBEING（あり方）のほうで、その、信念体系やアイデンティティーにしたがって、DOING（やり方）である行動次元が表れ、そして、RESULTS（結果・果報）という物質次元を得る**のです。

たとえていうなら、BEINGは根っこ、DOINGは茎や葉っぱ、RESULTSが花という感じです（次ページ参照）。

私たちはつい見えるものばかりに目を奪われてしまいますが、**見えるものの奥には、そうならざるを得なかった行動次元の動きがあり、その行動次元を規定する根っこの場所、つまり、想いや考え方といったマインドの次元が根本に、横たわっているのだ**ということです。

では、このお金に対するBEINGにさらにフォーカスしてみましょう。

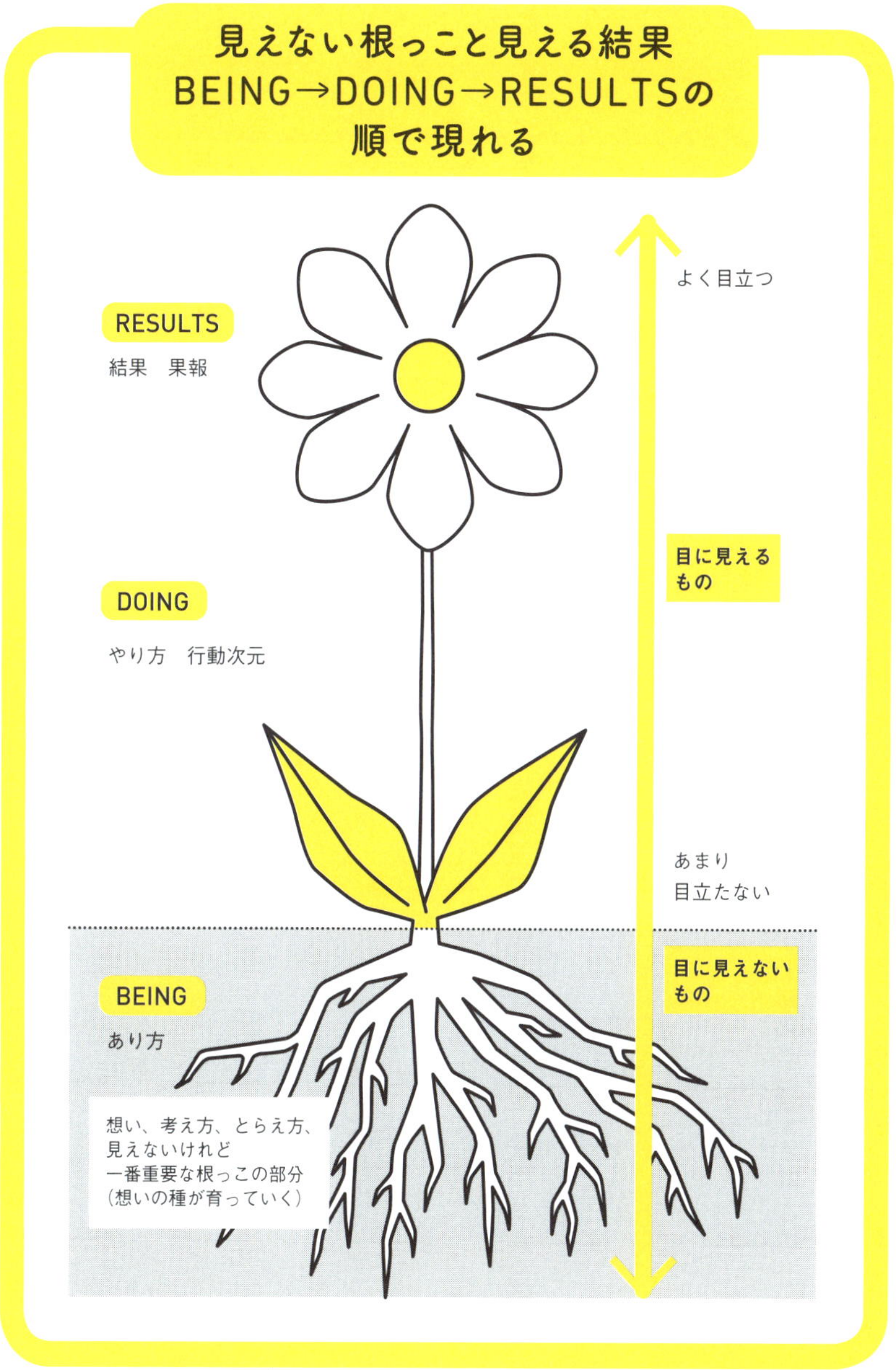
見えない根っこと見える結果
BEING→DOING→RESULTSの
順で現れる
RESULTS
結果　果報
DOING
やり方　行動次元
BEING
あり方
想い、考え方、とらえ方、
見えないけれど
一番重要な根っこの部分
（想いの種が育っていく）
よく目立つ
目に見える
もの
あまり
目立たない
目に見えない
もの

お金に使われない人生を

私たちが学校で習ったお金の定義を復習してみることにします。

お金とは何か？　それは……、

1. **価値の尺度**……財・サービスに対して、金額という尺度で評価することによって、相対的な価値を示す機能。
2. **価値の保存**……時間経過しても価値は残存するというお金の性質。
3. **交換の手段**……財・サービスに対して、見合った金額を出すことによって交換出来るという機能。

というふうに書いてあります。

ふーん、そうなんだぁ〜、という感じですね。

試験勉強としては良いかもしれないけれど、暮らしを潤《うるお》す生きた知識としては、それほど役立たないかも……。

私たちが一番知りたい本音は、どうしたら豊かになれますか？　ということ。お金に使われる人生ではなく、お金を使う側として、人生を生きたいし、出来れば、お金の心配なんかしなくてもいい人生を生きたいんです。

だって、お金に不自由しないということは、人生における選択肢の幅が、ぐっとひろがるということでもありますから。

そのひろがった選択肢の中で、自由にのびのびと、やりたい人生をコーディネートできたら、どんなに素敵なことでしょう！

お金は、モノやコト、ヒト、サービス、時間など、さまざまなものに姿を変えて、私たちの暮らしに潤いをもたらしてくれます。

貧乏より、お金持ちがいい。そりゃそうだ。

お金持ち、カモーン！　ですね♪

お金持ちのイメージ

では、実際に、あなたが抱いているお金持ちのイメージはどんな感じでしょうか？

（しばしイメージタイムをどうぞ！）

どうでしょう？　１００％素直な気持ちで、羨《うらや》ましいなぁ、自分もなりたいと真剣、本気で思っていますか？

それとも、お金持ちって、きっとどこかでうまいことやっているんじゃないかとか、もともと資産持ちではないから自分には無理とか、実はお金持ちって、ケチで偏屈なんじゃないかとか、ちょっと斜《しゃ》に構えた見方をしたりはしていませんか？

もし、そう思ってしまった方は、残念ながら、イソップ物語の中に出てくる「酸《す》っぱいぶどう」と同じことをしてしまっています。

あるいは、お金持ちの次元を選ぶ！　と心で宣言したのに、本当の気持ちはその気もないと見なされるため、現実化しづらくなるのです。

これは実にもったいない！

なので、今、私たちがすることは**「お金持ち」に対する無意識の不満、不信感、妬《ねた》み、あきらめという感覚から、さっさと卒業すること**なんです。

とはいえ、この無意識というのがなかなかやっかいなんですねえ。

人の意識は無意識が9割

無意識（潜在意識・超意識）というのは、見える意識の1割に対して、9割の比率で、私たちの意識を覆っているといいます。

すると、ちょっとやそっと言っただけではかなわず、無意識下で想っているほうがどうしても勝ってしまうんです。

そして、実際にお金を得られなかったり、借金や負債など、お金の流れを阻害されてしまう出来事が起こったりすると、「ほら、やっぱり、お金持ちなんて無理よ」ととらえて、「お金持ちなんて無理よ」の次元が表れて、お金持ちの次元が、なかなか具現化しづらくなってしまうのです。

これは、個人の想いだけではなく、集合的観念、および集合的無意識の層ともしっかりリンクしてしまっているので、そう簡単には書き換えることが出来ないんですね。

また、生まれてこれまで教わってきたのは、一部の富豪を除いて、多くの人々にとっては、お金は汗水たらして働く対価そのものであり、お金の話をするのはスマートではなく、はしたないもの、どちらかといえば汚いものということです。そう刷り込みをされて、大人になってきたのですね。

なので、どうしても**その枠組みを超えてからではないと、お金に対して素直に向き合えない**のだ、ということがわかってきました。

個人的なことを言うと、それはまさしく私自身のことでもあったのです。

けれども、ずっと仕事を続けてきて、さまざまなことにぶつかりながら、お金の勉強をしているうちに、どんどん考え方が変化していきました。

そうして、**お金に対する不信感は、自分自身に対する信頼の欠如であり、いってみれば、自分に対しての不信感と一緒だった！**　と気づいた時から、お金の見方が変わっていったのです。そのうちにだんだんお金自体が愛おしくなり、「お金《かね》さん」と呼んで愛情をもって接しているうちに、いつのまにか、お金の心配もなくなり、物質的な豊かさもめぐるようになっていったのです。

考えたら、人は、自分があまりよく思われていない相手のところへは、わざわざ出向きたくないですもんね。

大人ですから（笑）、にっこり笑ってフェイドアウトするかも……。

それと同じなんです。

塩辛が嫌いな家には塩辛がないように、ネコ嫌いの家ではネコを飼っていないように、好きじゃないものはだんだん目の前から離れていくんだなということがわかりました。

なので、**お金に対するネガティブな見方やイメージを、どんどん減らしていくことが、リッチマネーライフを送るための第一のステップ**だと思います。

清貧と清富

一昔前、清貧という言葉が、流行《はや》ったことがあります。

私もこの美しくも清々《すがすが》しい言葉が大好きで、ずっと信条としていました。

さて、清貧という意味を辞書で調べると、

「私欲を捨てて行いが正しいために、貧しく生活が質素なこと」

と書いてあります。

うーん、なるほど。

心優しく「いい人」である私たちは、そうよそうよ、こうでなくっちゃね、と思っていませんか？

イメージとしては、二宮尊徳とかマザー・テレサとか、そんな感じ。

もちろんそれが悪いとは思いませんし、むろん否定するつもりもありません。

けれども、なんだか、楽しくない。

立派だけれど……いつも、いつも背筋をピンとのばしていなくちゃいけない感覚。

なので、私はその言葉を聴くたびに、どうも背中のあたりがムズムズして違和感があったんですね。

そんなことといったって、やっぱり、モノもココロも豊かなほうが楽しいし、のびのびするのになぁって。

図に書くと次ページのようになります。

こうしてみると、ネガティブな想いをもってみるお金持ちのイメージは②で、清く正しく美しく生きる人のイメージは③です。まあ、貧乏という言い方はなんなので、「そこそこ」という言葉に置き換えてもよいのかもしれませんが。

モノとココロの関係性

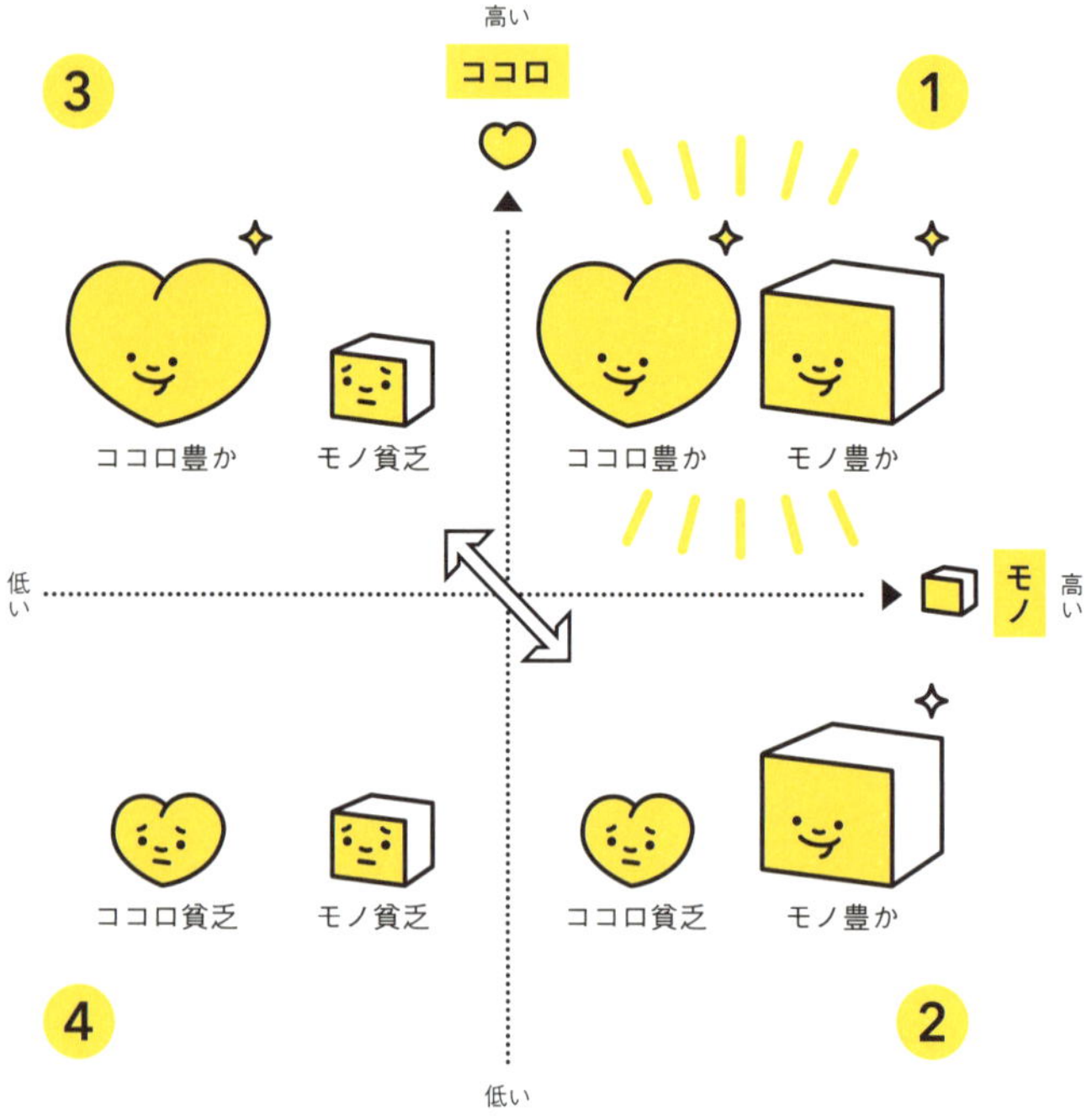

高い
ココロ
3
1
ココロ豊か
モノ貧乏
ココロ豊か
モノ豊か
低い
モノ
高い
ココロ貧乏
モノ貧乏
ココロ貧乏
モノ豊か
4
2
低い

単純化すると、今まで、精神的な価値を第一に置く人――宗教やスピリチュアルを追い求めている人は③で、物質的価値を第一に置く人――財や成功、名声を求めている人は②であろう、と考えられていました。

そしてその両者はあまりまじりあうこともなく、どちらかといえば相反するものだったんです。

けれども、世界が変容を続けている今、たとえばグーグルがマインドフルネスといった瞑想を摂りいれて生産性が上がったり、映画「君の名は。」に見るように、パラレルワールドを主題としたテーマが大ヒットしたりと、精神的なものと物質的なものの間にある境目が、どんどんなくなってきているのが現状です。

本来、精神性と物質性は、相反する二極ではなく、互いを補完し合う二極であり、本質的には一つです。

つまり、物質のモトとなっている素粒子をみた時、波動性（エネルギー）は精神的側面を表し、粒子性が物質的側面を表しているということです。

なので、どちらか一つではなく、どちらも必要で大切なもの、なんですね。

こうしてあらためて図を見てみると、私たちはどのルートを通ろうが、いずれココロ豊か、モノ豊かの次元である「清富」（40ページイラストの①部分）のところへ向かうのが気持ちよいのかなと思いました。

豊かさの次元を享受する

宇宙は太っ腹、ケチじゃないんです。

必要なものはいつでもきちんと与えてくれるし、めぐればめぐるほど循環がよくなって、気前よく溢れさせてくれる。

これが宇宙の法則性、天則なんですね。

なので、清貧よりは清富に向かって歩んだほうが、のびのびとして楽しそうです。

コップの水が、どれだけ減ったかを気にする暮らしから、
コップの水を溢れさせて、どんどんめぐらせ、気にしない暮らしへ。

卑屈さや嫉妬抜きに、素直さと無邪気さをもって、お金持ちってステキ！

と思えるようになった時、あなたから発するエネルギーは、以前と質がガラリと違っているはずです。

その感覚が、リッチマネーを受け取る素地となります。

つまり、
「豊かさを受け取ることにためらう私」から**「豊かさを受け取っていい私」**へ、
「豊かになりたくてたまらない私」から**「豊かさの次元を表していい私」**へ、
と、あなた自身がクォンタムリープ（量子的飛躍）してしまったということなのです。

どうぞ、豊かさの次元を表す私となって、物心共に満たされた状態で、人生をこころゆくまで楽しめますように。

幼子のように無邪気に、豊かさの次元を現している自分を、ニコニコしながらイメージしてみましょう。

第二章

宇宙が教えてくれたお金の秘密

脳卒中からの帰還

「あら、若いのに……かわいそう」

「まあ、無理しちゃったんでしょうね」

看護師たちのヒソヒソ話が聞こえたのは、今から14年前の夏。

引っ越しの準備と、仕事の締切りに追われていた私は、なんと脳卒中になり、左半身が全く動かなくなる、という経験をしました。

先の会話は、倒れて救急車で運ばれ、入院した直後、ドア向こうから聴こえてきたものです。身体は動かなかったのですが、意識はしっかりあったので、その言葉を聞きながら、

「えーっ、私、かわいそうな人になっちゃったの？」

と、びっくりしたことを覚えています。


その時は、これからどうしたらよいのだろう？　と真っ青になりました。

けれどもどこか、なるほどと思っている節《ふし》もあって、それは「願ったことは、やっぱり叶《かな》ってしまうものなんだな」とも思いました。

というのは、当時の一番の願いが、「ゆっくり寝かせてー」だったからです。忙しさのあまり、日々2〜3時間の睡眠時間しかとれなかったので。

なので、脳卒中と診断され、たっぷりの睡眠時間が確保された時、たしかどんな形であれ、願いは叶ったと思いました。

病院のベッドに横たわりながら、今までの人生を振り返る私。

ハタと気づいたのは、私は、自分自身に優しくなかったということでした。

世間的には、「偉いね」といわれるかもしれませんが、身体は酷使しっぱなし。「今日できることは、明日に延ばすな」と、「頑張らなくっちゃ」が口癖で、いつも頑張ってばかりいました。

そんな自分をほとほと反省した私は、三日目の夜、心の底から、自分の身体や我慢していた感情に、「ごめんなさい」と「ありがとう」を伝え、涙をポロポロ流しながら、今まで生かされてきたことに感謝をして、眠りにつきました。

すると翌朝、まるで何もなかったかのように、すべての症状が消えていて、脳卒中がすっかり完治していたのでした。

いのちが喜ぶ生き方へ

嘘みたいな本当の話ですが、この時、しみじみと思ったことが二つあります。

一つめは「人って時が来たら、ちゃんと死ねるんだな」ということ。

だからこそ、お迎えが来るその時まで、しっかり生き切り、悔いのない生き方をしようと思いました。

同時に、残りの人生をお祭りにしようと思い、「頑張る人生」から「楽しむ人生」に進路変更したのです。というわけで今までの格言を変更しました。

「今日できることを明日に延ばすな」→「明日できることは、明日やればいい」

「頑張らなくっちゃ」→「まあ、楽しもうよ」

というふうに。

二つめは、「いのちが喜ぶ生き方をしよう」です。

世間体や常識、社会的評価といった外側の規範ではなく、自らの奥（本当の自分）が、嬉しいなと思うことに素直に従って生きようと思いました。

それまでは、良き妻、母親、社会人であるよう、一生懸命頑張っていたのです。けれども、「いのちが喜ぶ生き方」にシフトしてからは、頑張っていた頃より、はるかに効率よく、家族関係を始め、仕事や健康面など、あらゆることが好転していきました。

経済面についても以前より潤ってきたのですが、その頃より、本当の自分（内在の叡智）は直観を通して、たびたび「お金の秘密を解き明かすように……」という問いを投げかけるのでした。

私は幼い頃から、こうした内なる会話を繰り返しながら、直観の導きに沿って生きてきたのですが、通常だと心の奥に問いかけたら、ポンッ！　と答えがひらめいてすぐわかるのに、この件に関してだけは、内側から設問がくるだけで、はっきりとは教えてくれませんでした。

それがしばらく不思議でならなかったのですが、内在神でもある直観は、辛抱強く、私自身が持っていた、（お金に対する）こだわりや不安が氷解するのを待ってくれていたんじゃないかなと思います。

というのは、自分自身の心の持ち方や暮らしのスタイルについては、脳卒中を機に、「いのちが喜ぶ生き方」にシフトして、心地よく暮らすようになったのですが、ことお金に対する考え方だけは、特に改めることなく、慎重そのままで、

「質素倹約で、将来のために少しでも貯金して、つつましやかに生きよう」

としか考えていませんでした。

正直なところ、お金が怖かったのだと思います。

お金のいのちを喜ばせる？

なぜなら、今まで良い人だったのが、お金のことになると人が変わってしまったり、お金によって人生が狂っていくニュースなどを見るたびに、お金とは恐ろしいものだから、相当気をつけて扱わなくっちゃ、とこわごわ接していました。

具体的には、主婦でもある私は、子どもの教育費にはお金をかけても、自分のものは買わないという感じで、電気をこまめに消し、エアコンなども極力使わず、節約第一の生活をしていたのでした。

けれども**「いのちが喜ぶ生き方」というのは、本来、自らのいのちだけではなく、他のいのち、そして、森羅万象あらゆるものが栄えていくような、いのちのあり方をめざすということでもある**ので、今までのライフスタイルは、なんだかちょっといびつだなと思うようになりました。

そして徐々に、**お金というのは、流れるエネルギーそのものであり、めぐりめぐっ**

てうるおい、皆が豊かになっていく、素晴らしいツールなんだと思うようになった時、ふと気づいたのです。

お金といういのちを喜ばす生き方を、私はしていなかったことに。

この世にお金が存在するということは、お金というものが生まれ、活用されることになった天の意思、宇宙の意思がきっとあるはずだと。

そうして、**お金自身が喜び、嬉しくなる扱われ方をされたら、きっと天（宇宙）も喜んでくれる**に違いないと、思うようになりました。

天がお金というシステムを、人に与えた真意は何なのだろう？

もし、お金が人だったら、どうすれば、お金さんは、お金になれてよかったなぁと、心底喜んでくれるだろうか？

この疑問こそが、「お金の秘密を解き明かすカギ」となったのです。

あなたがなりたいもの

さて、再び質問です。
あなたは、どんな人になりたいですか？
あるいは、人からどんな人であると思われたいですか？
思いつくままに、直観で書いてみてください。

WORK 3

私は、＿＿＿＿＿＿になりたい（でありたい）。
私は、＿＿＿＿＿＿と思われたい（と考えている）。

書いた後は、少し目をつぶって、すでにそうなっている自分が、生き生きと人生を謳歌している姿を、イメージしてください。

イメージすることで、あなたという意識の量子場は、すでにその時空を選び、現象化の準備を始めています。

あとは、そのような気持ちを持続しながら、行動することで、ますますその現実が強く表れ出すでしょう。

……と、突然、自己啓発の本になってしまっていますが、実は、これが、**「お金の想い」**だったのです！

どうぞ、前述のワークの「私は」というところを、「お金は」に変えて、読んでみましょう。

ちょっと、びっくりしたのではないでしょうか？

けれども、これが真実なのです。

そして、そのお金の望みは、あなたにとって、一番お金がめぐりやすい最強の方法なのです。

どういうことかというと

「お金とは、私の分身である」

というのが、宇宙が教えてくれたお金の正体だったんです！

つまり、「お金＝私」であるということです。

いのちのもとをたどる

大いなる意思とも呼ばれる、宇宙（天）の意思は、常に調和の方向へ向かって生成発展し続けています。

この天の望み、天の意思のことを天意と書いて、愛と呼びます。

宇宙は愛で出来ています。

さて、直観を通した内在の叡智に問うと、愛とは、単に抽象的なものではなく、物質を構成する基本粒子の働きであるということです。

どういうことかというと、愛とは、陽子と中性子が調和しながら振動している働きのことをさすのだそうです。

なお、陽子が持つ振動の質は、愛が放つ能動性の部分を担当し、中性子が持つ振動の質は、愛が放つ受動性の部分を担当し、調和と呼ぶそうです。

つまり、愛へ向かう働きと調和の方向が完全性をもって調えられることを、「愛」と呼ぶのだということです。

宇宙の意思は、愛。

この天意（愛）のうちから生まれ、いのちとなり、身体の容れものに宿った存在が、私たち――ヒトなのです。

いのちの元をたどると、宇宙に行きつきます。私たちの身体も、原子や分子、素粒子から出来ています。

そんな宇宙の構成要素から出来ている私たちもまた、愛、そのものだったんですね！

違う観点からみると、私がここにいるということは、私を生んでくれたお父さん、お母さんがいるということです。

そして同じように、お父さんとお母さんの前には、おじいちゃん、おばあちゃんがいて……そうして、ずーっとずーっと果てしなく辿っていったその先は、この宇宙、世界が創られることになった、もとの場所、根源のところまで辿り着くのです。

宇宙物理学でいうと、ビッグバンが始まる前の、「無」といわれている領域です。

この、無というのは実は、「何もない」ということではありません。

無は、無限大ともいえるプラスとマイナスの素粒子が、お互いに相殺しあっている領域で、＋∞↓↑－∞として結果的にゼロに見えるのですが、実際は、絶えず生成消滅を繰り返している完全調和の世界です。

量子力学では、ゼロ点エネルギー、あるいはゼロポイントフィールドと呼ばれているところです。

私たちのいのちの根源を辿ると、まぎれもなく、私たちは天の意思を受けついで、

天の意思を宿しながら、個々のいのちを表現して人間と呼ばれる種を表しているのです。

そうして、晴れて人間となった私たちは、宇宙から、地球上にも同じように、天の意思を体現するようにと、ごく最近（宇宙時間からいったら、まばたきよりも短い）あるしくみをしかけられたんです。

それが、お金というシステムでした。

お金は旅する神

あなたの本質は、身体でも心でもなく、その中に入っている「いのち」です。

いのちは永遠の旅を続けていて、時空を超えて、いつでもどこでも旅をすることが出来ます。

けれども、そのいのちが、肉体という制限ある容《い》れ物にはいったとき、それほど自由に旅をすることが出来なくなってしまいました。

移動するにも、肉体ごと行かないといけないので、何かと不便です。

けれども、あなたの本質である「いのち」はどうしてもやってみたいことがあったのです。

それは、**物質のある地上世界（地球ランド）でも、愛を体現する**ということ。

なぜなら、いのちのおおもとである、大いなる意思の望みが、もともとそうなので、枝分かれした自己のいのちも、やはり同じ意図があるんですね。

なので、宇宙は、素晴らしい方法を、人間にインスピレーションさせたんです。

肉体のあなたがわざわざ行かなくても、あなたと同じ働きができる便利な道具を発明してもらったのです。

それが、お金でした。

お金は、あなたの分身ですから、大事に大切に扱われ、あちこち旅をしながら、またたくまに増えていきました。

そうして、**一人ひとりのいのちの分身が愛を体現してくれれば、ますます地球ラン**

ドがこの世――ランド化するに決まっています。

宇宙は、美しい水の星――地球が、幸せそうな愛の星になる姿を、とても楽しみにしているのです。

こうして、お金は旅するあなた、旅する神（紙）となって、愛をすみずみまで運んでいるのです。

これが、宇宙から教えてもらった、お金が出来たいきさつでした。

自分を信用創造する

それでは、さらに論を進めてみましょう。

お金というのは信用創造で作られていますよね。

信用創造とは、お金が銀行と借り手との間を循環することで、銀行の預金通貨がどんどん増えていくしくみですが、そもそも、そのお金に価値があると見なしていなければ、このシステムは成り立たないのです。

一万円札の原価は、約三十円らしいですが、この三十円の紙切れ（世界的にはとても高い単価らしいですが）を、きちんと一万円だとあらしめるのは、皆の合意があってこそ成立するシステムです。

まさしく、信用しているから創造されていくのですね。

これを、自分自身に置き換えてみましょう。

つまり、**自分を信じて、用いて、創造（日々をクリエーション）しているか**、という観点です。

自分のことが信じられないとか、嫌だとか、自己価値が低くなってしまうと、もともとのエネルギーが低いので、起こる出来事も質の低いものになります。物理でいうと、昔習ったアインシュタイン博士の $E = mc^2$、質量とエネルギーの等価法則が働いちゃうわけです。

たとえば、私なんか無理とか、私には出来ない、価値がない……というふうに思えば、あまり活況ではないエネルギーが物質となって、活況ではない現実を見やすくなるでしょう。

動きたくないから一日中寝ていたら、一日が何もなく終わったということと一緒です。

量子力学でいえば、たくさんある量子の可能性の中から、わざわざ「嫌だ、無理、ダメ」といった量子場を選び、それを粒子化することで、その想いに合致する現実を創っていく、ということです。


想いはエネルギーで、表れが物質です。

エネルギーは波で、現実は粒です。

波は、瞬時に粒になり、粒は、瞬時に波になります。


言い換えると、**今、あなたがどのような想いの場所にいるのかが、粒となり、現実となる**わけです。

というわけで、ふたたび自分のことに置き換えてみましょう。

あなたは、今の自分が好きですか？

今の自分を、まるごと認めていますか？

いいところも、悪いところも、全部含めてオールグッドと肯定していますか？

あなたがあなたのことを、愛して、認めて、大好きになればなるほど、あなたから発せられるエネルギーも増大して、結果として、高い現実（望む現実）を表しやすくなるのですね。

自分自身を信用し、そこから創造を始めていくこと、これはあなたの深いいのちが、いつも願っていることなのです。

自己肯定感が低いとどうなる？

さて、自己肯定感が低くなると、いろいろと頑張ってしまう自分が表れるんですね。

たとえば、誰かに褒められたり、認められなければ、自分の価値がないと思ってしまい、必要以上に、学歴や地位にこだわったり、いつも何かと戦っていないといけなかったり……。

あるいは、いい人でいたいがために、今の自分の許容量以上頑張りすぎちゃったり、皆の視線を集めるために、すごく感情的になったり、自傷行為や弱い者いじめといった、あまりよろしくない行為にでてしまうことさえあります。

かといえば、逆に、注目してほしくないので、人を避けたり、どこかオドオドした態度になってしまったりと、何かと大変なんです。

行動としては、そんな辛さ（自分のことがあまり好きではない）を紛らわす手段として、依存性の高いものに頼って、さらに嫌になるなどといった悪循環を辿《たど》ることにもなりかねません。

やはり、自分のことを大事に思うということ、大切にしてあげること、世界に、いえ、宇宙にたった一人しかいない、かけがえのない自分に対して、「よく頑張っているね、素晴らしいね、大好き！」といった想いと言葉をかけてあげることで、あなたの全細胞もホッとして喜び、全力であなたのお役に立てるよう、応援してくれるのではないかな？　と思います。

本当は、あなたの全細胞は皆、あなたが喜ぶように、望んだ素敵な世界を表したいと願っているのですが、当の本人が、現実として表そうとするオンエア直前でプツッと「ダメ出しサイン」を送ってしまうので、なかなか望みの現実が投影されないんですね。

では、そんな私を表す言葉を、そのままお金に変えて、言ってみましょう。

1 私には自信がない。↓　お金には自信がない。
2 私は自分のことが好きじゃない。↓　お金はお金自身のことが好きじゃない。
3 私には価値がない。↓　お金には価値がない。
4 私なんて無理。↓　お金なんて無理。

5 どうせ私はダメだし。→ どうせお金はダメだし。

この言葉をさらに翻訳、意訳すると、

1 私には自信がない。→ お金に対して不信感を抱いている。
2 私は自分のことが好きじゃない。→ お金を嫌がっている。
3 私には価値がない。→ お金の価値をあまり認めていない。
4 私なんて無理。→ こんな私だから、お金なんてあまり来ないはず。
5 どうせ私はダメだし。→ お金なんて、あまり信頼できるものじゃないよ。

という宣言を、潜在意識に繰り返し刷り込んでいたことになるんです。

ひょえ〜っ。

こうしてみると、**自分を否定するのは、実にもったいないことだった**、ということがわかります。

宇宙が教えてくれたお金の秘密は、「お金＝自分」です。

ありのままの自分のことを、そのまま認めて愛してあげること、たとえ好きじゃなくても、まぁ、いいかと流せるようになること。

そうすると、自分自身にかけていたブロックが少しずつ外れて、本当の自分であるいのちの部分が顔を出し、内から光り輝いてくるのです。

いのちの自分は、豊かさの泉です。

この泉とつながることで、いつのまにか、心の富と一緒に、物質的な富もついてきます。これが宇宙のことわりでもあるんですね。

（ちなみに、心は豊かでも貧乏してしまうという人は、豊かさに対して入場制限をかけてしまっているということなのだそうです。

宇宙は、そうしようと思っているわけではないけれど、人が勝手に〈無意識に〉、「心豊かだとお金はあまり要《い》らないです」と、思ってしまっているのだそうです）

WORK 4　この世ランド　航海マップ

ではここで、ココロとモノとの関係性を解き明かすべく、次のワークをやってみましょう。題して、「この世ランド　航海マップ」です。

おでんの串みたいなフレームですが、この枠内に、番号にしたがって思いついた言葉を書き込んでみましょう。

①人生で一番表したいものは（自分が表したい理想の姿は）？

例：愛、喜び、感謝、感動、成功、満足……

②あなたがよく思っている感情を大きい順から書き入れましょう。

例：イライラ、ワクワク、悲しさ、楽しさ、怒り、不安、喜び、心配……

この世ランド　航海マップ

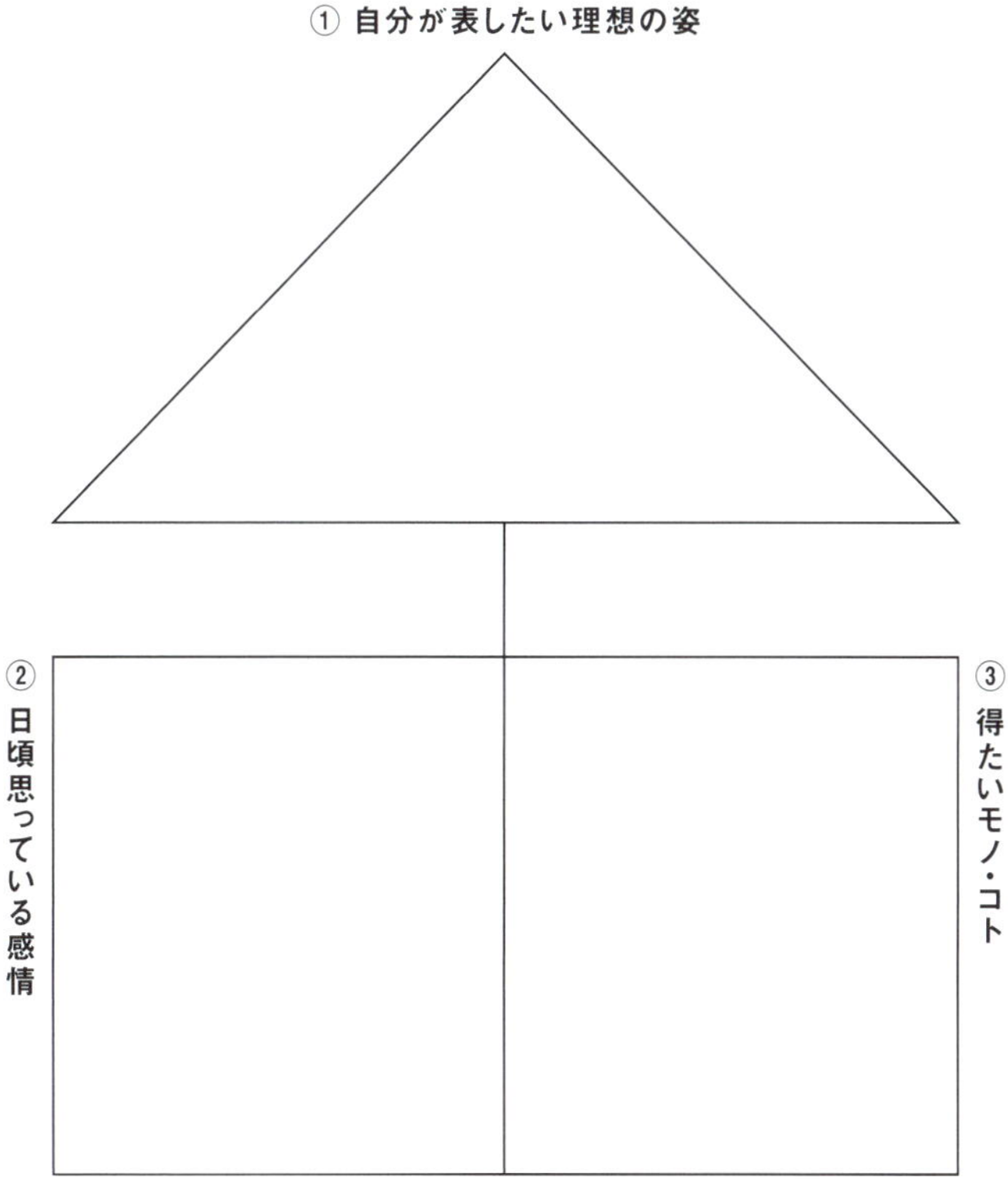

③あなたが欲しい物質的な富は？（コトでもモノでも可）
例：年収○○万、広い家、ＢＭＷ、○○の資格、仕事の成功、賞賛……

さて、どんな言葉が入りましたでしょうか？
ではこれを、次の図に当てはめてみます。
これは、そう！　お金という字だったんです。
そしてあなたの身体は、まるごとお金になっています。

解説

前ページで書いた①は、あなたが、この人生で本当に得たいものです。
このことを体現すべく、あなたという生命は肉体を得て、人生を謳歌しています。
これが、あなたにとっての、真のライフパーパス（人生の目的）となります。
②は、あなたという心のお花畑の中に咲いている、花の名前です。花（感情）は、

お金の字の中にある秘密

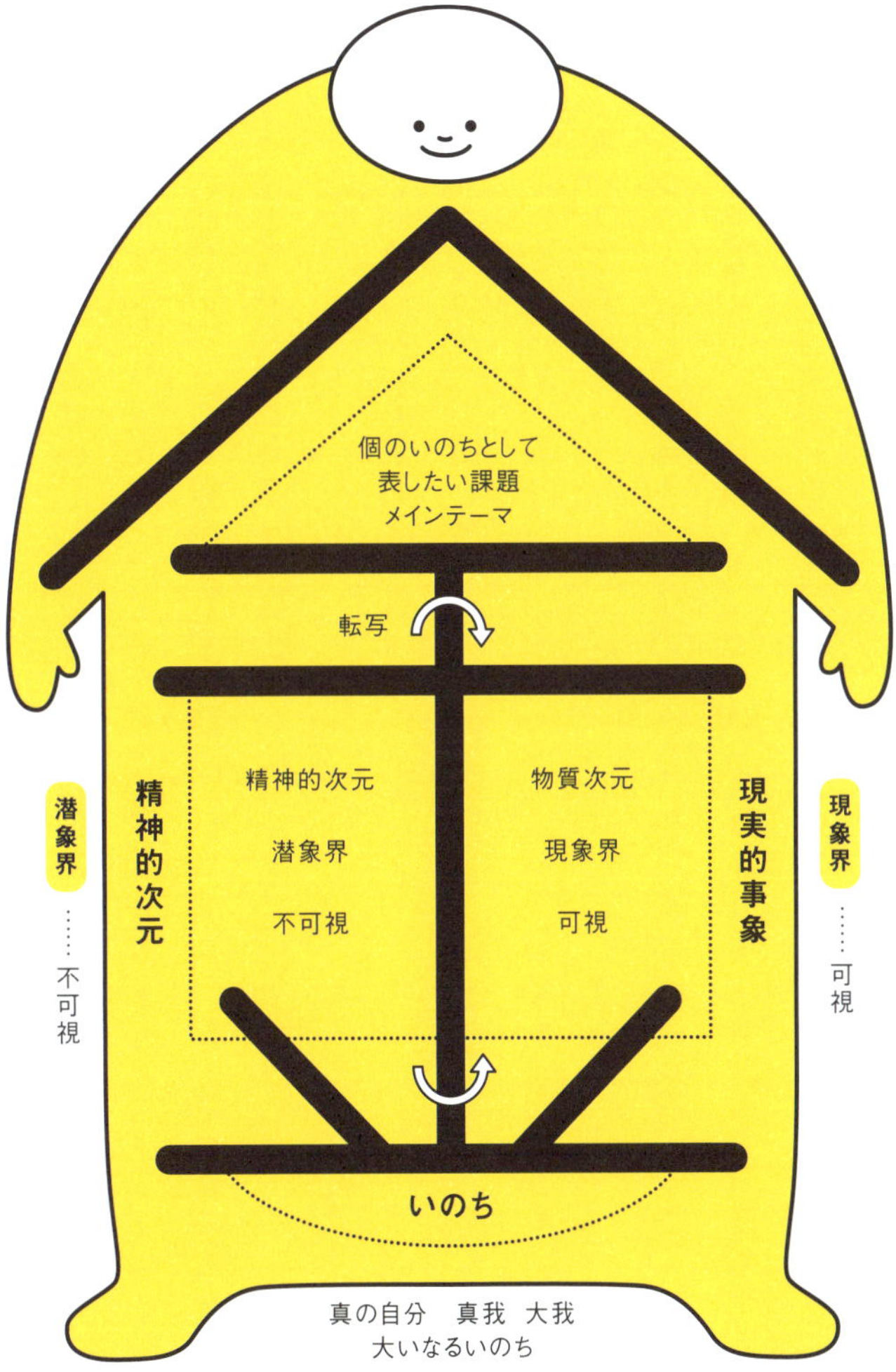

実をつけます。実をつける場所は、中央線を挟んだ反対側です。

精神次元である②の側に応じて、反転した物質次元である③が表れるわけです。
③は、基本的に精神次元である②にそって出現します。
クッキーの抜型のように、鋳型（意型＝意識の型）があって、それがこんがり焼かれてクッキーとなり食べられる（物質次元に降りてくる）というわけです。


さて、②ですが、エネルギーには高い低いがあります。

単純に言うと、怒りや嫉妬、憎しみなどのネガティブエネルギーは、濃密で重く、喜びや楽しさ、情熱といったポジティブエネルギーは、軽やかで波動が高いということです（次ページ参照）。

このポテンシャルにあるエネルギーの質と量、志向性が、物質次元を表すいしずえとなるのです。なので、まずは、見えない次元で出しているエネルギーを整えていくことが肝要です。

エネルギーの高低と現実化のしくみ

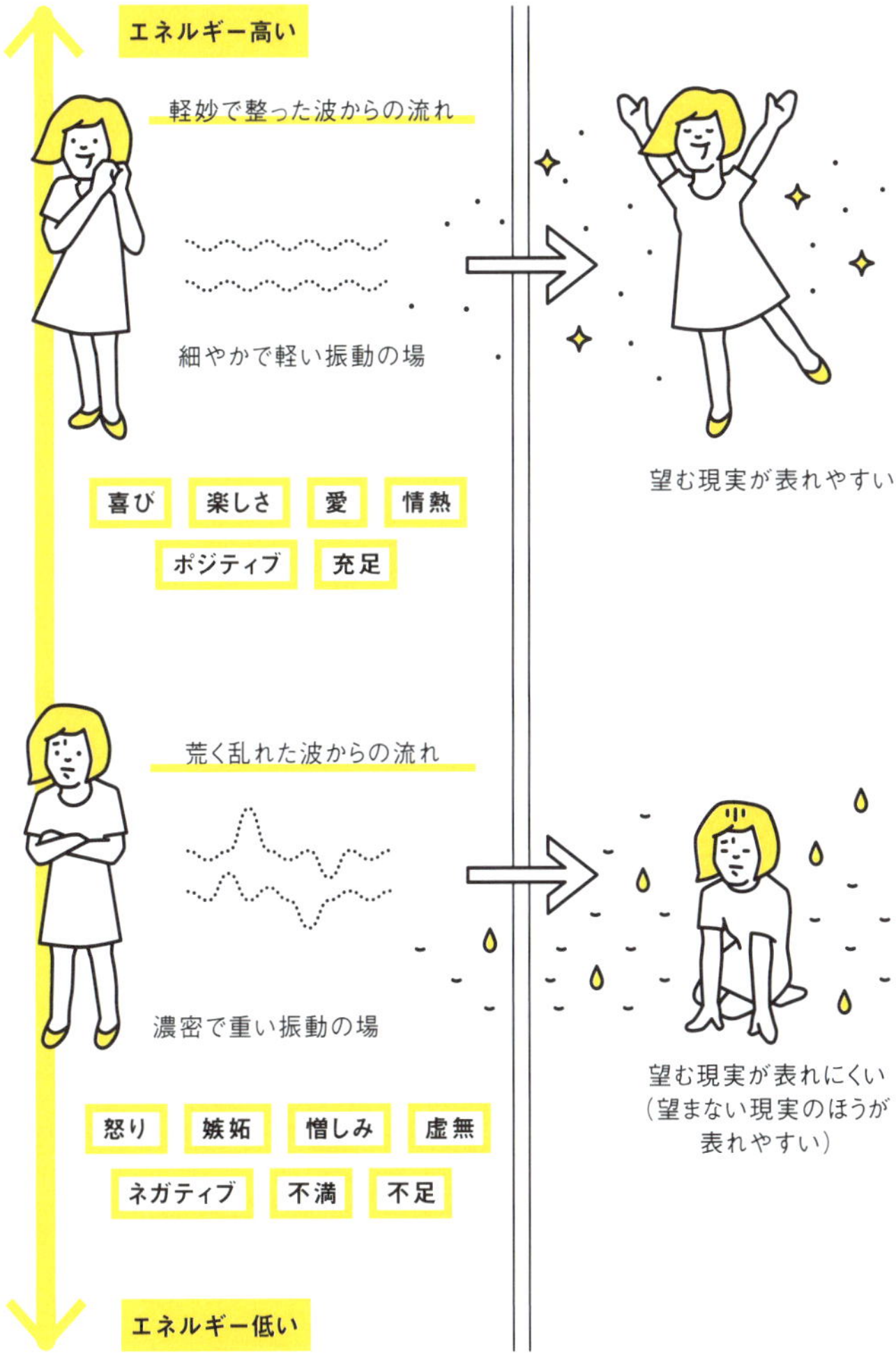

③の中には、得たいモノのほかに、実はすでに得ているモノがたくさんあります。得ているモノの中には、欲しいモノでなかったものも含まれるかもしれませんが、深いレベルでは、きっと必要なモノやコトなのだと思います。

今回書いた③は、まだ現時点では出現していないものですが、あなたが得たいモノやことと、心の次元の高さが揃っているなとか、私は受けるにふさわしいと思える方は、おそらくそう遠くないうちに、それらはやってくることになるでしょう。

というのは、同時遍満する量子的時空においては、想像したもの、思ったことは、すべて「ある」ととらえるのです（多世界論と呼ぶ。いわゆる並行宇宙）。

なので、疑いなくそうだと思えば思うほど、思った時空が表れやすいのです。

これを**「選択と共振の法則」**といいます。

意識が選んだ時空を、共振させて表すということです。

この法則は、時間の観念がない分、欲しいものをイメージして引き寄せようとする引き寄せの法則よりもパワフルに表れやすいので、ぜひ意図して共振させることを意識してみてください。

さて、③の時空を表すに適した自分になろうと努めることを、精進《しょうじん》といいます。

ただ、この時、本当に欲しいのかどうか、もう一精査してみる必要があります。

というのは、あなたの人生の真の望みにとって、それが本当に必要なら表れる（叶う）と思いますし、あるいは違うかたちで、さらに良きものがやってくるかもしれないのですから。

もしくは、必要ないのであれば、やってこないかもしれないし、たとえ叶ったとしても、思いがけず進路変更があったり、不要になったりするかもしれません。

WORK 5　最高の自分とつながるワーク

これから何かを願う時、欲しいものがある時、やってみたいことがある時、人づきあいやモノやコトであれ、何か迷ってしまった時、それを確かめる方法として、アートを使った「最高の自分とつながるワーク」があるので、ぜひご活用ください。

最高の自分とつながるワーク

願いや希望など、進むべき方向を心の眼で見極めよう

1. 口絵(カラーページ)にある「光の道へ」のアートをじーっと眺めましょう。
2. 深呼吸しながらゆったりとリラックスして、目をつぶりましょう。
3. 道の向こうに、最高の人生を歩んでいる輝きのあなたが立っているのを、イメージしてみましょう。
4. イメージ出来たら、光の道の中にあなたが願ったもの、欲しいもの、したいことを入れてみて、それが入っているかどうかを、心静かに感じ取ってみます。

○OKサイン→心がひろがる感覚、ワクワク、しあわせ、のびのび。

NOサイン↓心が縮む感覚、あまり嬉しくない、ざわつき、義務感、制限。

5 内側のサインに従って、素直に動いてみましょう。

※このワークをすることで、最高の人生を歩んでいる、輝きのあなたの時空（量子的時空に存在するパラレルセルフ）からの応援が入りやすくなります。
時々、絵を見て、光の中にいる最高の自分とつながりましょう！

あなたの素晴らしさを表現することは、宇宙の喜びでもあり願いです。
どうぞ、宇宙を味方につけて、のびのびワクワク進んでいきましょうね。

宇宙に対して貢献している私たち

では、再び、71ページの「お金の字の中にある秘密」と書いた図をご参照ください。このお金さんの図で、一番大事な部分は、お腹の下あたりのところ（丹田ともいいます）にある**「いのち」**と書いてあるところなんです。

いのちは、大本である宇宙の意思とつながっています。

そして、精神次元にあるもの、物質次元にあるもの、理想すべてが、個々のいのちとして体験する素晴らしい贈りものとして、大本まで送り届けられているのです。

ゼロポイントエネルギーとも呼ばれる宇宙の意思は、永遠なるゼロの世界で、無限大のプラスとマイナスが拮抗《きっこう》し、打ち消し合っている量子の海の世界です。

そこに、あなたという意識が、こんなことも面白いよ、あんなことも素敵だよと、正邪の区別なく、起こることすべてを提供しているんです。

宇宙の意思は、そのたびに、自分の領域がひろがるのでワクワクするのです。

なので、**私たちは宇宙に対して大変、貢献しているというわけです。**

そこで、改めてお金の字を見てほしいのですが、精神的な贈りものと物質的な贈りものの両方が、いのちに向かって↘↙の方向で伸びていることがわかりますか？　これが**いのちへの贈りもの**ということです。

そして、その大いなるいのちである宇宙の意思が、個々のいのちに枝分かれして、表そうと思ったメインテーマが、いのちの場所から垂直に伸びた、一番上の三角形の部分なんです！

私はこのことを、明け方のまどろみの中で教えてもらい、ビックリしました。

あなたのメインテーマは何になりましたか？

鏡の法則

宇宙がお金というしくみを人類にひらめかせたのは、自己の延長存在であるお金が世界を駆けめぐることで、天意（愛）に満ちた世界を創ってね、ということでしたが、このしくみを効果的に遂行するために、宇宙は二つのゲームルールを定めました。

それは、**「鏡の法則」**と**「循環の法則」**というもの。

鏡の法則とは「与えるものが受け取るもの」というしくみです。

どういうことかというと、あなたが与えたものを、受け取るようになっているということです。具体例を挙げると、こんな感じでしょうか。

恐怖を与えれば、恐怖が返ってくる。

愛を与えれば、愛が返ってくる。

不安をあおれば、もっと不安になる。

裁くものは、裁かれる。

愛されたければ、愛せばいい。

感謝されたければ、感謝することから始めよう。

自分が放ったものが、まるで写し鏡のように、転写されるのです。
これが鏡の法則です。

お金に関して言えば、私たちがいやだいやだと思って、お金を使うなら、いやだいやだと思うことが増幅された出来事が起きやすくなったり、その状況に対してお金を扱うことになったりする確率が増えるのです（あくまで確率の世界です）。

与えたものが受け取るものであるということを、心の片隅に留めておくだけでも、表れる結果がどんどん変わってきますので、ぜひトライしてみてくださいね。

循環の法則

循環の法則とは「すべてはめぐる」ということです。

朝夕のめぐり、季節のめぐりからはじまり、水や大気、エネルギーや生態系も、自然界は見事な循環をもって流れ、整っています。

世界を成り立たせている見えない構造においても、循環の法則は働いており、たとえば、変化と安定、混乱と秩序、成長と衰退、創造と破壊、放出と蓄積のように、起こる性質や特性を変えながら、循環し続けています。

なぜそうなるのかというと、すべてのもとである根源意識——ゼロポイントエネルギーのフィールド自体が、究極の＋と－がものすごい勢いでめぐりめぐっている、超究極の循環世界でもあるので、そこから派生したあらゆるものも同様に現れるということではないかと考えています。

循環の法則のポイントは、二つあります。

一つめは、すべてはめぐって流れているものなので、その一点だけを見てとらわれないほうがいいということです。

つまり、それは一つの「状態」・「状況」にすぎず、その様相は変わりゆくもので、全体像ではないということです。

二つめは、自分が蒔《ま》いた種は、めぐりめぐって、自らが刈り取ることになりますよ、ということです。

なお、**種は種のまま収穫するのではなく、実となって収穫しますから、質は同じでも量が増大して戻ってくることになる**、ということです。

この法則は、鏡の法則とセットで作用するので、あなたが与えたものが、ますます膨らんで戻ってくる、ということになります。

これを別な言葉で言い換えると、喜びが喜びをつれて、喜び膨らみやってくる、というふうにもいえますし、人を呪わば穴二つといった表現もあります。

鏡の法則と循環の法則は、お金という私をきちんとめぐらせて、天意を成就《じょうじゅ》させるための必須アイテムでもあります。

お金はいろんな人になれる

さて、ここで一つの疑問が浮かびます。

お金という私が、めぐりめぐっていった時、私の意識はどこへいくのか？　ということです。

というのは、お金は、皆、それぞれの人にとっての自己の姿でもあるので、ごっちゃにならないのか？　とか、お金の自分が相手に渡った時に、そのお金は誰になるのか？　という疑問です。


宇宙が教えてくれた答えはこうでした。

お金は直前の人のエネルギーを持って、やってくるということです。

渡す前までは、渡した人の分身なのですが、渡した途端に、その人から受け取った自分の分身となっていのちがふきこまれます。そうして、あなたが別の人に払ったら、そのお金は別の人のいのちに差し替えられるのです。

こうして、あなたが誰かになり、誰かは他のまた誰かになって、お金はさまざまな人の間を渡りゆくということです（次ページ参照）。

そしてその間、あなたの意識の一部（あなたの分身）は、お金の中にデータ記録として保存され、じーっと再びあなたの元へ戻る日を待っているんですって！

実は、お金には、お金自身が持つ意志というのがあります。

もともと、お金という存在のタネは、天（宇宙）にあったので、お金のしくみを下ろす時に、天の意志も一緒にはいっているんです。ですので、お金の意志は天の意志でもあります。

つまり、お金の意志とは天の意志。天の意志とは天意（愛）である。

故に、お金の意志とは愛である。になります。

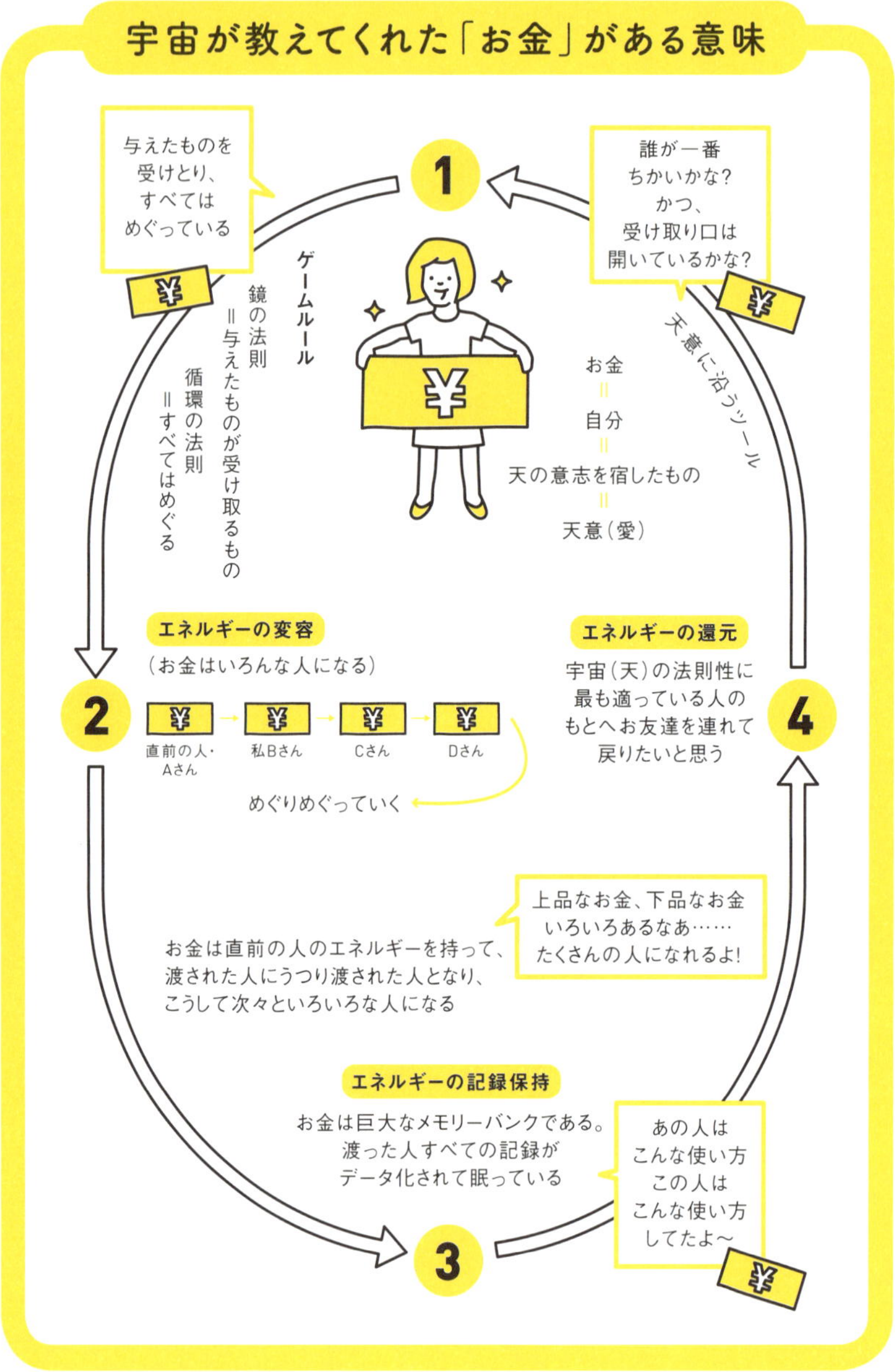

宇宙が教えてくれた「お金」がある意味
与えたものを受けとり、すべてはめぐっている
1
誰が一番ちかいかな? かつ、受け取り口は開いているかな?
ゲームルール
鏡の法則
=与えたものが受け取るもの
循環の法則
=すべてはめぐる
お金
=
自分
=
天の意志を宿したもの
=
天意(愛)
天意に沿うツール
エネルギーの変容
(お金はいろんな人になる)
2
直前の人・Aさん
私Bさん
Cさん
Dさん
めぐりめぐっていく
エネルギーの還元
宇宙(天)の法則性に最も適っている人のもとへお友達を連れて戻りたいと思う
4
上品なお金、下品なお金いろいろあるなあ……たくさんの人になれるよ!
お金は直前の人のエネルギーを持って、渡された人にうつり渡された人となり、こうして次々といろいろな人になる
エネルギーの記録保持
お金は巨大なメモリーバンクである。渡った人すべての記録がデータ化されて眠っている
あの人はこんな使い方この人はこんな使い方してたよ～
3

お金とは巨大なメモリーバンクである

同時に、**お金は、巨大で精緻なメモリーバンク**でもあります。

何の情報が入っているのかというと、**そのお金を扱った人、それぞれのいのちに吹き替えられ、旅をしていった際の全記録――想いや使い方、行き先などがすべてメモリーとして保存されている**んですね。

それがクレジットであれ、金融派生商品であれ、仮想通貨でも皆、同様です（むしろ、実体として存在しない分、より精神波動が転写しやすい特性を持ちます）。

表現を変えると、あなたという一部がお金さんの中に入り、一時停止ＯＦＦモードの状態でじーっとしている、というイメージです。

そして同じ場所には、そのお金になってみた、肉体では会ったこともない多くの方たちもいるんです（エネルギーとしてですが）。

彼らは皆、「この世ランド」の素晴らしい仲間たち。

この仲間たちと力を合わせながら、天意の象徴であるお金さんを使って、豊かにするぞ~とお金さん自体が思っています。

なので、お金は、できるだけ天の想いを表してくれそうな人のもとへ集まりたいと願っています。


けれども、今までは、恐れのエネルギーのほうが優勢で、その想いを力ずくで奪い取ってしまうほうに軍配が上がっていたんですね。

それが、近年になって、地球自体のバイブレーションと、人々の集合意識が変わってきたことで、やっと、もともとの天意のしくみのほうが優勢になってきつつあるのです。

今がその分岐点です。


ですので、これからは、**天意にそって動こうと決意し、動き出した人のほうに、お**

金が集まりやすくなってきます。

お金さん自体は、いよいよ本来のしくみが働けるほどに、人類の意識が向上してきたことをとても嬉しく思っています。

とはいえ、行き過ぎたエゴで集めている人たちが、まだまだ多いのも事実です。けれども、そうしたお金の扱い方をしている人は、お金自身が活性化しておらず、エネルギー値が低いために、ますます競争が熾烈になっていったり、思わぬことで不正が明るみに出たりなど、今までほど、ラクに稼げるわけではなくなってきているようです。

このように、**「お金の意志」にそって一緒に歩んでいこうよというのが、宇宙を味方につけるお金とのおつきあいの仕方です。**

お金の「か」は、感謝の「か」

では、実際に、宇宙を味方につけて豊かになるお金の扱い方をお伝えしましょう。
それは、誰にでも伝えやすく、簡単で、すぐに取り入れやすいキーワードです。
二つあります。

一つめは、お金の「か」は、感謝の「か」なのだと考えること。もう一つは、マネーの「マ」を、まごころの「ま」と定義してしまうことです。

お金というのは、感謝が集まったものです。

自分だけで出来ることは限られています。
自分一人で、水をひっぱってきたり、お魚を捕ったり、さまざまな家具を作ったりすることは出来ませんが、お金があるおかげで、私たちは必要なものが揃えられて、不自由なく暮らすことが出来ます。

なんとありがたいことでしょう。


ですので、私は三人いる子どもたちのお金の教育として、

「百円というのは、百回分のありがとうがつまっていて、千円札は、千回分のありがとうがつまっているんだよ。すごいよね」

というふうに教えていました。

実際に、支払う前に千回のありがとうを言ってから支払ったことがありますが、けっこう時間がかかるものです（笑）。


余談ですが、先日、大学生となった息子の授業料を、普段であれば口座振替でさっと済ませるところを、あえて現金化して本人に渡してみたんですね。

すると彼は、お願いしたわけでもないのに、お札を丁寧に並べて眺め、一枚一枚に、

「ありがとうございます」という言葉を告げたのでした。

すべてのお札に言い終えた後は、一つに束ね、お札に向かって、

「君たちを有効に使わせてもらって、損はなかった！　と思ってもらうんで、よろしくね」

と伝えていました。

その後ろ姿を見ていた私は、おかしいやら嬉しいやらで、ちょっと胸がいっぱいになってしまいました。

お金の「か」は感謝の「か」。

そうみなせば、**預金通帳は感謝の記録ツール**であったことに気づかされますし、**クレジットカードの明細書も一緒**です。

他の証券や保険等も、皆、感謝が数字となって表されたものです。

また、あなたのまわりにあるモノやコト、サービスの多くはお金を介して、提供されたものです。

そう考えると、**私たちの身の回りには、溢れるほどの「ありがとう」が物質化され**

て存在していた、ということになります。

多いからいいとか、少ないからダメということではなく、私たちは感謝のかたまりに包まれて、生かされているのだということに気づいてきます。

「ありがとう」の想いは、最も天意と合致する、最強のエネルギーです。

私はお金、お金は、ありがとうがいっぱいつまったもの。

こうとらえて、あなたとあなたのまわりを、感謝と喜びでいっぱいにしましょう。

マネーの「マ」は、まごころの「ま」

二つめは、**マネーの「マ」をまごころの「ま」として捉える考え方**です。

マネーの「ネ」は、根っこの根でもあり、根源のことをさします。

このマがとても大切なのですね。

まごころという言葉を漢字で書くと真心になります。
真心とは、まことの心、真ん中にある心のことです。
実は、この真（マ）の中に入っていたのが、宇宙の意志なんですね。
ですので、**まごころを通して使えば、必ず豊かになるよう出来ている。**
なぜなら、そうなるように天意がしくんだしくみだから。

天からすれば、そんな真心を持っている私たちを信用して、ユダヤの金細工職人にひらめきを与え、今のマネーシステムを創造させたというわけです。
そうすることで、この星の人間ほとんどが全員参加型で、素晴らしい世の中を創造することに取り組めるというのが、天から見た「信用創造」なんですね。

まごころめぐる世界

この「まごころ」の実践道を、生涯を通して伝えられ方がおられます。

上場企業百社以上の大株主だった日本一の個人投資家でもあり、タマゴボーロで有名な竹田製菓の社長――竹田和平《わへい》さんです。

和平さんは、お金を、エゴではなく、まごころの心を通して扱うこと、智慧を磨き、徳を積み、志を持って生きること、そうした人々が和をなす世界を、「まろわの世」と呼び、実現を夢見て、生涯現役を貫かれた方として有名です。

私も、生前、偶然の御縁から、親しくおつきあいさせていただいたのですが、和平さんから聞いたお話で、特に印象的だったエピソードがあります。

それは、戦時中、名古屋に住んでいた和平さんが、親族のいる福井県に疎開した時の話です。

疎開先では、和平さんは一切、お金というものを見かけたことがなかったといいます。けれども、村の人々は特に困るというわけでもなく、普通に暮らしていたとのこと。

ただ、その間、よく交わされる三つの言葉があったのだそうです。

それが、

「ありがたい」
「もったいない」
「おかげさま」

という3ワード。

これらの言葉を交わしながら、さまざまなものを交換しあっては、皆で助け合い暮らしている姿を見て、和平少年はお金との向き合い方がわかり、大人になって投資の世界でも大成功されたのだそうです。和平さんはこの思いをひと時も忘れることはなかったといいます。

マネーのマは、まごころの「ま」。

まごころで使うお金の世界には、きっとたくさんのありがとうと、おかげさまが飛び交っているのでしょうね。

まごころを磨いて、見える財も見えない財も底上げしてしまいましょう。

もうひとつの「マ」の世界

とはいえ、マネーの「マ」には、もう一つの「マ」があることも忘れてはなりません。

こちらのほうのマに捕まったらちょっとやっかいですから。

それは、真のマではなく、魔のマも同じマなんです。

この魔はどんなマかというと、真のマは真ん中にあるのに対して、真ん中からははずれてしまったところにあるのが「魔」のマになります。

このマを選ぶと、魔が差すとか、魔が入った、魔に魅入られる、というように、なにかと大変で、うまくコトが運ばなくなり、トラブルのもとになります。
この二つの違いを別な言葉で表現すると、

マ（真）……まごころ、真我、真の心
マ（魔）……まちがった心、偽我、行き過ぎたエゴ、偽りの心

というふうに定義づけることが出来ます。

エゴという自我は、決して悪いわけではないのですが、行き過ぎたエゴは、繁栄ではなく、逆方向のベクトルである、破壊の方向へと向かわせてしまうので、結果としてトラブルを引き起こしやすくなってしまうのです。

残念ながら、現代の社会は、行き過ぎたエゴを、さらに肥大させてしまうような誘惑や情報が中心の社会なので、眼を見開いて意識していないと、知らないうちに魔の手にはまったりするので、意識的に生きることが、必要だと思います。

だからといって、ビクビク暮らすのは本末転倒です。

時には失敗（本当は未熟といいます）もしながら、フィードバックを重ねればよいのです。どうぞ、自分の感性や感覚、直感を大事にして、上手に資本主義経済の海を渡っていってくださいね。

第三章

宇宙を味方につける
リッチマネーな暮らしへ

充足の窓か、欠乏の窓か

宇宙を味方につけるリッチマネーな暮らしを楽しみたいのであれば、やはり、**心のあり方を整えていくことが、一番ベーシックで、確実な方法です。**

心の世界は、眼には見えませんが、誰も「心は存在しません」と言わないように、目に見える世界は、目に見えない世界がベースとなって支えられています。

心は嬉しかったり、悲しかったり、怒ったり、恨んだりと、さまざまな表情をもって、私たちの身体や気分に影響を与えます。

その気分や状態が、見える世界を変化させます。たとえば、失恋した時に眺める風景と、絶好調の時の風景は違って見えるように、という具合です。

とりわけ、お金に関しての心のあり方は、二つの心の窓があるのです。

どの窓を開けて眺めるかによって、見える世界が全く異なってきます。

それが、**「充足の窓」を選ぶか、「欠乏の窓」を選ぶか**、という違いです。

充足の窓は、「充分ある」、「ちょうどいいだけある」、「不足がない」と考える心の窓（マインドセット）を通して、世界を眺めています。
欠乏の窓は、「充分ではない」、「全然足りてない」、「不足がある」と考えて、世界を眺めています。

充足の窓から見た世界は、満足・喜び・安心・充実感を生み、欠乏の窓から見た世界は、不満・イライラ・あせり・心配を生む、あまりハッピーではない世界の住人となります。

簡単に言うと、リッチマネーになりたいのであれば、何はさておき、充足の窓から眺めたほうが絶対いいよ！　ということです。

そうすることにより、無数にある現実（遍満する量子場）の中から、あなたは確実に、高振動である「望みの現実」を表しやすくなるからです。

少なくともそうなる可能性がぐんと高まります。

実は、私たちが個々に求めているものはさまざまですが、皆に共通している感覚は、「感情的な満足」とそれに伴う「身体的感覚」であることがわかってきました。

つまり、嬉しくて、楽しくて、満足いっぱいで、愛と感謝で満たされる幸福感……

こうした感情を、体感覚すべてで感じ味わいたいと、私たちは願っているのです。

逆に言うと、その状態がゴールにあるのではなく、始める最初から、その状態を創り出してしまえばよい、ということでもあったんです。

喜びや幸せは、なるのではなく、あります。
今ある、すでにある豊かさ、幸せ、喜びに気づくことで、
私たちはたった今、幸せの中にいるのです。
その気づきが、さらなる気づきを呼びます。
それはまるで、どんどん大きくなる、気づきの雪玉状態（笑）のよう。
そうしてあなたは、ますます満たされ、いつの間にか、物心共に満たされた次元の住人になっていることに驚くのです。

私は今、幸せですワーク

それでは、少しワークをしてみましょう。

下線部分に適する言葉を、直観で五つ、当てはめてみてください。心で想うだけでも大丈夫です。具体的にイメージしてみましょう。

WORK 6

私は今、幸せです。なぜなら＿＿＿＿＿＿だからです。
私は今、幸せです。なぜなら＿＿＿＿＿＿だからです。
私は今、幸せです。なぜなら＿＿＿＿＿＿だからです。
私は今、幸せです。なぜなら＿＿＿＿＿＿だからです。

私は今、幸せです。なぜなら＿＿＿＿＿＿だからです。

さて、どんなことが浮かびましたか？

一例をあげます。

私は今、幸せです。なぜなら、今日は天気がいいからです。
私は今、幸せです。なぜなら、懐かしい人から電話が来たからです。
私は今、幸せです。なぜなら両親が元気だからです。
私は今、幸せです。なぜなら、今日のごはんが美味しかったからです。
私は今、幸せです。なぜなら、蛇口をひねるとお水が飲めるからです。

こうしてあらためて言葉にすると、私たちはたくさんのおかげさまに包まれて生きていたんだなぁとわかりますね。

ありがたや、ありがたや。

……ね、ほら、あっという間に充足の窓から眺める人になっているでしょ。

宇宙を味方につけるって、けっこう簡単！　そんなに難しいことじゃないんです。

お金の人格

お金には、人格があります。

……といきなりいわれたら、びっくりするかもしれませんが、宇宙が教えてくれたお金の秘密は、**「お金＝私」**ですから、そう考えると、なるほどそうかになります。

お金の人格は、二種類しかありません。上品か下品かだけです。

中品はないのです。

あの人、上品だわ。

あの人、下品よね。

の、二種類です。これをお金に置き換えると、上品なお金と、下品なお金のどちらか、になります。

「払うのいやだな」とか「払いたくない」といいながら、しぶしぶ払うお金は、どちらかというと「下品」の部類にはいってしまいます。残念ながら。

人をだましたり、何かや誰かを傷つけながら得るお金も、やはり下品です。

反対に「ありがとう」や「いっておいで」、「楽しんできてね」といって送り出したお金は、上品な部類に入ります。

この、上品・下品というのはどういうことかというと、エネルギー順位の違いなのです。つまり、上質で高いエネルギーを上品といい、粗野で低いエネルギーを下品と呼びます。

どちらがいいとか、悪いとかということではなく、ただ、そのようにあるということです。

けれども、**もし、宇宙を味方につけてお金を扱いたいのであれば、上品なほうを選ぶと効率的なのです。**

再び、お金の気持ちになってみてください。

「出ていくのは待ってくれよ〜」、「行くなーっ」といわれながらおうち（お財布）を後にしたいか、「いってらっしゃい」、「楽しんできてね」と言われながら見送られたいか、どっちですか？

そして、どちらのタイプのところに、自分はオトモダチを連れて戻ってきたいですか？

また、自分を乱雑に扱う人と、丁寧に扱う人と、どちらのほうに愛着を感じますか？

お金づきあいと人づきあいは、本質的に一緒です。

大切に扱うと大切にされるし、粗雑に扱うと、同じように粗雑にされるか、相手にされなくなります。

再びいいます。

お金とは、あなたの分身です。お金の人格は、あなたの品格でもあります。

どうぞ、迷いが出たら、お金の気持ちになってみて、どうしたら心地よいのか、上質で上品なお金として、エネルギー高くめぐることが出来るかを感じ取りながら、行動してみてくださいね。

結果は、お楽しみに！

貧乏神と福の神

実は、イヤダイヤダ、出し渋り、必要以上の倹約、ケチを信条信念として生きている人につきやすい神様がおられるそうです。

その名は、貧乏神。

キャーッ、やめて～！　という御方でもありますね（苦笑）。

ということは、その逆のことをすると……、イヤダイヤダではなく、どうぞどうぞへ。出し渋りではなく、喜んで。倹約よりも、どんどんお金を巡らせて、ケチではなく、気前がいいに。

そうすると、つく神様が変わってしまうのですね。

その名も、福の神。

いやぁ、縁起がいい！　やっぱり福の神のほうがいいに決まっています。

これはどういうことかというと、前述した、欠乏の窓から見る不足、不満の次元と、充足の窓から見る満足、安心の次元の違いのことでもあるんです。

充足の窓から見る次元のほうが、より宇宙の応援が来やすく、本来のいのちの望みに適っています。

そうすることで、さらなる増幅や活性化のサイクルに入り、「ない」量子場から、「ある」量子場を選択し、満ち足りた方向での現実化を図ることになりますから。

ぜひ、「福の神次元」を味方につけて、リッチマネーサイクルに入ってしまいましょう。

それに日本は福の神天国なんですよ。

その名も、言わずと知れた七福神。

宝船に乗って到来する神様たちです。


この七福神を呼ぶ祝詞《のりと》がありますので（というか、ある時、言霊《ことだま》が降ってきましたので）せっかくですから、本書でも紹介いたしますね。

この国は、言霊の幸《さきわ》ふ国といわれています。

どうぞ、おめでたい寿《ことほ》ぎ（言祝ぎ）の言葉を朗々と唱えて、最強の福の神さんたちに、おでましになっていただく、というのはいかがですか？

七福神祝詞

めぐりて天龍　昇りしは

花たちばな　匂い香（か）の
天地（あめつち）開けし　開びゃくに
いやさかやさか　ひふみ世（ゆう）
めでためでたの　みろく世（ゆう）
天晴れ　天晴れ　えんやらや
天晴れ　天晴れ　えんやらや

いよぉーっ、パンッ！（一本締めで締める）

七福神祝詞　はせくらみゆき作　一人でも、皆でもやれる簡単な振りも付いています。
詳しくは（社）あけのうた雅楽振興会ＨＰをどうぞ。
http://www.akenoutagagaku.com/

「もの」にはかたちと心、両面宿る

福の神さんがいらしていただいた勢いで、和語（大和言葉）である「もの」について、解説してみたいと思います。

古来より「もの」とは、かたちあるものだけを指す言葉ではなく、物心とか物思う、物々しい……というように、かたちなきものについても同じように「もの」といって尊んでいました。

つまり、形態だけではなく、形質も同じ「もの」であり、本質においては物心一元であることを、私たちの祖先は直覚していた、ということになります。

今風に言えば、$E = mc^2$（質量とエネルギーの等価性）です。

ものの中にある心……、そう、ものは単なる物質ではなく、それぞれにエネルギーが宿されているってことなんです。

なので、スーパーに行ってお野菜を選ぼうとした時に、ちゃんと品定めをするんですね（笑）。

これは、無意識に、自分や自分の家と合うエネルギー（波動、バイブレーション）を見極めて、一番フィットするものをチョイスしているという作業だったんです。

形態（物質）だけではなく、形質（エネルギー）にも注意を払えるようになること、そして、その個々に宿るエネルギーの質を感じ取れるようになること。

この**センサーが敏感になればなるほど、お金の扱い方も上手くなっていくのです。**

なぜなら、お金というのは、一番、エネルギー（念）が入りやすい「もの」だからです。

84ページで述べたように、お金は、渡す人のエネルギーを持ってやってきます。

受け取ったらその人のエネルギーになり、そのお金を渡したら、渡された人のエネルギーに移り変わって、お金はどんどん旅をしていきます。

その間、お金には、それぞれの人となったエネルギーが、お金自体の持つ巨大データベースに蓄積され、保存されていて、他のお金仲間と情報共有をしながら、行きたいように行って、動いています。

エネルギーが付加されているお金

言い方を変えれば、お金はエネルギーですから、同じ一万円札でも、そこに付加されているエネルギーが人によって全然違うということなんです。

ですので、あなたが今すぐ出来ることは、お金という「もの」のエネルギー的側面を充実させること。

具体的に言うと、見かけは千円札でも、中身は一万円、いえ、十万円ぐらいの価値があるほどに、**心を込めて、愛とユーモア、喜びで満たして、お金を扱ってあげる**のですね。

そうすると、見かけは一枚の千円札でも、中に入っているエネルギーは百枚分になっています。

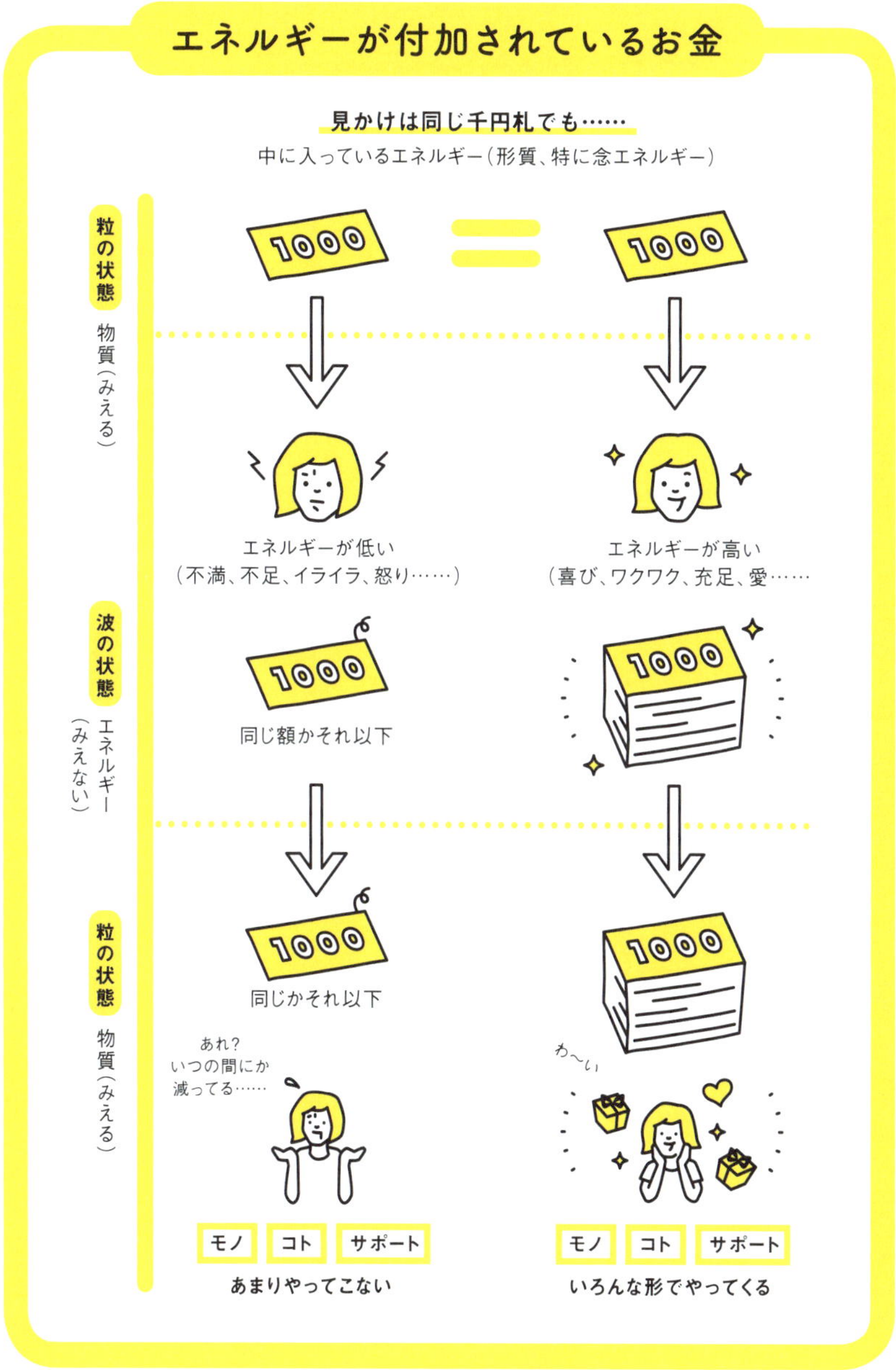
エネルギーが付加されているお金
見かけは同じ千円札でも……
中に入っているエネルギー（形質、特に念エネルギー）
粒の状態
物質（みえる）
1000
1000
エネルギーが低い
（不満、不足、イライラ、怒り……）
エネルギーが高い
（喜び、ワクワク、充足、愛……
波の状態
エネルギー（みえない）
1000
同じ額かそれ以下
1000
粒の状態
物質（みえる）
1000
同じかそれ以下
1000
あれ？
いつの間にか
減ってる……
わ〜い
モノ
コト
サポート
あまりやってこない
モノ
コト
サポート
いろんな形でやってくる

こうして、めぐりめぐって戻ってくる時は、そのエネルギーが物質化することになります（前ページ参照）。

ただしこれは、必ずしも「お金」ではないかもしれません。

ふとした親切だったり、出逢いだったり、何かの感動だったりと、別なかたちでやってきたりもします。

与えるものが受け取るものです。

モノに宿るココロの側面を、大切に扱いながら、お金も暮らしも、丁寧に愉《たの》しく紡《つむ》いでいきましょうね。

お金のエネルギーをクリーンにする

さて、前の人のエネルギーが、いわゆる「貧乏神」波動でいっぱいに満たされていると、やはり心地悪いんです。

もちろん、自分が「福の神」波動でゼロ化してしまえばいいだけなのですが、マイナスからゼロにするには、けっこうエネルギーがいりますからね。

出来ることなら、いいエネルギーに包まれたお金が来てほしいのですが、現実はそれほど多くはないのです……というか低いレベルで安定した（笑）お金に慣れてしまっているので、あまり気にもならないというか。

それでも、なんだか相当念が込められているかもというお金が渡された時や、ヨレヨレのお金、薄汚れた硬貨をもらった時などは、はやく手元から去らせたくなります。

きっとそのお金さんたちは、いろんな人のところをめぐりすぎて、エネルギーが枯渇していたり、貧乏波動のところばかりで働かされて、疲れてしまったのかもしれません。ですので、そんな時、私はあることをしています。

それはお札なら、思い切ってアイロンをかけてあげること。硬貨なら酢で洗ってあげること、なんです。

ちょっと手間はかかりますが、お金がよみがえって、なんだか嬉しそう。

とはいえ、いつもできるわけではないので、私はちょっとした裏ワザを使って、お金のエネルギーをクリーンにしています。

それは、以前、宝石のクリーニング用にと思って開発した、クリアリングミストというものなのですが、空間や人のエネルギーも浄化出来るので、お札にもシュッと振りかけています。クレジットカードや免許証などのカード類にも応用できます。

とはいってもすべてにやるのは大変なので、今は、お財布にシュッとミストをかけて、感謝の思いを伝えています。そうすると、スッとエネルギーが軽くなるので気持ちいいのです（詳しく知りたい方は私のホームページをご覧ください）。

もちろん、意識で、愛と感謝の念をしっかり送ってクリーニングすることも出来ますし、あなたなりのやり方を作ってみてもよいでしょう。

大切なことは、**お金に敬意を払い、大切におもてなしをしてあげることです。**

おカネさんは、そんなあなたのことを、きっと覚えていてくれることでしょう。

どんなお財布を選ぶ？

ここからは、より具体的な、宇宙を味方につけるリッチマネーライフについて言及したいと思います。

お財布というのは、お金が一時預かりされている、お金のおうちです。

そこには、お金に変わる大切なもの——キャッシュカードやクレジットカード、保険証や免許証、お店のポイントカードなども一緒に入っています。

では、さっそくあなたのお財布を目の前に出してみましょう。

そして、お金＝自分ですから、自分がお金になったつもりで、お財布の中に入ってみたとイメージしてみてください。

……そのおうち、心地よいですか？

楽しくてウキウキしますか？

それとも、窮屈で早く出たい感じですか？

もし、居心地が悪いのなら、いろんなものが詰め込まれすぎているのかもしれません。レシートやめったに使わないポイントカード、薄汚れた名刺など……。

一度すべてお財布から出してみて、運気が下がると思うものは、即、処分してしまいましょう！

そうして、スッキリ心地よくなったお財布に、もう一度、心で入ってみてください。きっと気持ちいいと思いますよ。


とはいえ、お金であるあなたは、そこにずーっといたいわけではないのです。

あなたのミッションは、**天意である愛の伝道師**ですから、そこから旅立って、布教活動！　に励まねばなりません。

そんなあなたを、気持ちよく送り出してくれるオーナーであると、あなたはますますやる気が出て、**「いってきまーす！」**と元気よく旅立てるようになり、同時に、ホテルの人気口コミリストのように、そのお財布にお泊りしたくなりますから、やはり、清潔でおもてなし上手なお宿でいてくれると嬉しいですね。

ところで、お財布は二つ折りがいいのか、長財布がいいのか聞かれることがあるのですが、私は背中を曲げるのがいやなので、やはり長財布のほうが好きです。
また、他の仲間のお金さんとも仲良くしていたいので、お札の向きを揃えて入れたり、金額を小さいものから大きい順に揃えたり、カードの種類も分類して、一目でわかるように入れています（そうすることで、心が個々に向きやすくなるからです）。

色についてですが、個人的には、真っ赤は避けているかなぁ……という感じです。だって、「火の車」という言葉を連想させてしまうので、こととお金に関して、火の車にはなりたくないですものね。
まあ、風水などが気になる方はそれを参照してもいいと思いますが、一番確かなのは、**自分が一番好きだと思うものが、今の自分にとって必要なもの**と考えることではないでしょうか。

クレジットカードは賢く使おう

今は、カード時代ですので、現金はなくてもカードがあれば、ほとんど不自由なく暮らすことが出来ます。

カードは便利な反面、お金の恵みに対して感謝をするということに対して、ちょっとなおざりになってしまう「不便さ」があると思います。

やはり、現ナマで見ると、ありがたみがナマナマしくわかるので、感謝もしやすいのです。つまり、宇宙の流れに沿いやすい。

なので、カードを使う際は、**サッとカードを差し出す際に、ちらっと、その金額が札束になって目の前に置かれているイメージを持たれるとよいかと思います。**

そうして、それだけの価値のあるもの……そう、たくさんの私自身が旅をしにいく「ありがとうの旅、愛の旅」が始まるのだと一瞬思いをはせるのです。

すると、カードの中にあるお金さんの働きが、グーンとエネルギーアップして、働けるようになります。

ただ、**カードというのは、実際のところ、未来への借金でもあります。**

このことを認識した上で使わないと、思わぬ苦労をすることもあります。

私のおススメは、カードの種類を絞って持ち、あまり持ち歩かないことです。

便利だからといって、あまりカードを多く持ちすぎると、どれがどれだかわからなくなり、管理が大変になってしまいますし、浪費の原因ともなりかねません。

必要な種類のカードを最低限、お財布に入れておく。

そうして、カードを提示する際には、その金額のお金と旅する自分を意識する。

こうして、賢くカードと向かい合うというのはどうでしょう？

（ちなみに、カードでポイントを貯めて現金の代わりに使えたり、マイルを貯めて飛行機に搭乗したりなど、いろいろ便利な特典もあるので、上手に使いこなして、カード社会の利便性を享受しましょう〜）

借金のとらえ方

では、借金についてはどうとらえていったらよいのでしょうか？

直観で宇宙に聴いてみると、

「借金とは、あなたの人生における愛の飛び級テストである」とのこと。

はぁ……？　愛の飛び級テスト？

この意味はこうです。

借金とは、基本的に返さなくてはいけないお金のこと。ということは、まだ、借りを返していないのに（愛を放ってもいないのに）、受け取ってしまった仮のあなた自身のことなのだそうです。

それで、あなたが動くことで、仮のあなたは本当のあなたになり、つまりは、愛がきちんと宿ったお金としてのあなたになり、渡した人のところへ（場所や人や機関など）戻り、めぐっていくことになります。

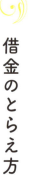

借金のないやり取りの中では、あなたの愛のステージは、通常通りのアップの仕方を辿るのですが、借金・負債としてかかえたステージでのアップの仕方は、通常より大きなアップグレードがされるそうです。

いいかえるなら、借金のないやりとりのなかでのお金のめぐりは、普通の進級。借金とともにやりとりされるお金のめぐりが、飛び級でアップしていく愛の学びなのだということです。

けれども、飛び級って、やはりそれだけ負荷がかかりますから、通常以上の精進が必要です。

今、もし、借金がある方は、地球学校という愛の学校に入学して、通常の進級では物足りずに、飛び級しながら進級していきたいと願った、勇気ある方々ということになるんですね。

でも、飛び級「テスト」ですから、合格することも不合格になることもあるのです。不合格になってしまった時は、仮の自分も仮のままであることに加えて、他からの念も付加されてしまうので、通常の進級どころか、落第もありなので注意が必要です。

もちろん、マイホームや車、学費などの大きな支出はローンでまかなうことが多いので、これらも借金かといえば、厳密には借金ともいえますが、ここで言っている借金は、これらのローンをさしているわけではないので、ご安心ください（これらの支出は、借金ではなく、必要経費ととらえて、収入から先に引いておくものと考えます）。なお、ここでいう借金とは、事業が失敗したり、生活に困窮するほど、何か負債を抱えてしまったりすることを指します。

もし、カードローンなどの借入金がある場合は、利息がそれこそもったいないので、出来るだけ早く返済するように努め、心を軽くさせることで、高い現実を表すようにしていきましょう。

公共料金のとらえ方

毎月やってくる公共料金、通帳からいつの間にか引かれていて、よくわからないことも多いですが、いざ、払うとなった時に、気が重くなったり、なんでこんなにかかるの！　とムッとしたりすることはありませんか？

そんな公共料金の支払い方のコツをお伝えします。

それは、今、自分が受けている恩恵に対して、ありがとうを伝えている私の分身たちが、料金となって現れているのだ、と考えることです。自分一人で、ガスを引くことも、水を運んでくることも、電気を引くこともできません。

スイッチをいれたら、灯りがつくありがたさ。

蛇口をひねると水が出る、ありがたさ。

遠く離れた人とでも、家で話せるありがたさ。

ありがたいなぁ。ちゃんと設備が整ってくれて良かったなぁ。

恩恵を受けとれて嬉しいなぁ。

そんなふうに考えて、公共料金を払っていくと、今までつい口にしてしまった、「もったいない」の言葉が、ありがたいほうのもったいないに変わり、感謝のエネルギーに転じてしまうのです。

すると、上質で高いエネルギーに転写されたお金（あなた）のエネルギーが、各会社に支払われ、そこを通して、こんどはすべての家庭や場所に、あなたのエネルギーが水や電気やガスとなって、配信されることになるのです。

なんと素晴らしいシステムでしょう！

愛の伝道師であるあなたは、こうして公共の恵みを使って、愛の伝播をさらに強化していたのですね。ありがたや。

税金のとらえ方

とらえ方シリーズ（いつのまにシリーズ化？）第三弾は、税金のとらえ方です。

出来るだけ払いたくない。少なくしたい。出来れば払わずにいたい……と、多くの人が考えています。

けれども、宇宙を味方につけるという観点から見ると、それはあまり賢いやり方とはいえません。

もちろん、節税はしないよりしたほうがいいですが、あまりにえぐくやってしまうのはどうかなと思います。

会社員であれば天引きされますし、消費税は、国民皆が支払っています。

税金とは、私たちの国と国民が潤っていくためのお金です。同時に、世界の人たちにもめぐっていくお金です。

つまり、お金であるあなたが、誰かや何かのために、グローバルに活躍できて、愛を放つことが出来る機会が、税金というシステムでもあるのです。

宇宙からみると、**税金を多く払っているということは、それだけ、さまざまなところに、あなたの分身が旅立って、活躍しているということ**になりますから、天晴れ、天晴れ、なのです。

ですので、気持ちよくいってらっしゃい！　と税金を払い、送り出せるようになると、お金データベースにもたくさん書き込みがされて、皆のために役立ってくれる分、もっとその人の元へ集まって、役立ってもらおうという働きが生まれるのです。

また、税金は、どんな感情であれ、結局は支払うでしょうから、まずは、その税金を支払える自分を、めいっぱい褒めてあげてください。

言い換えれば、払えるだけの収入を得ているということでもあり、そうした人生の成果を得ている自分って、すごいと思いませんか？

同時に、**税金を求められるということは、あなたに対する期待度が大きいということでもあります。実際に働きに行かなくても、お金という形で、あなたが国のために、世界のために役立つことが出来る。**なんと尊いことでしょう。

そんなあなたの働きによって、定期的にゴミ収集車もやってくるし、街頭に灯りは灯っているし、いろいろなサービスや便利さを享受できるのです。

税金さん、ありがとう。

ありがたいしくみに感謝です。

日の本を、世界を、さらに素晴らしいものにしていくために、もっと払えるようになりたいので、しっかり払えるように、宇宙の応援、ヨロシク！

こんな考え方が、リッチマネーサイクルを生む税金のとらえ方なんです。

さあ、物心ともに豊かに満たされながら、その一部を税金に変えて旅立たせ、愛の伝道師、自己の分身を気持ちよーく送り出してあげましょうね。

バランスの良いお金の組み立て方は？

次に、実際のお金の収支の考え方について、どうすればバランスよく、調和的に使い、貯めていくことが出来るのかをお伝えしましょう。

ただしこれは、あくまでも、私自身が行きついた考え方なので、一つのサンプルとしてとらえていただけたらと思います。

まず、最も基本的な考え方として、**「収入以上には使わない」**ということです。

貯金を取り崩すという選択肢もありますが、あまりにそれが長い期間続くと、どうしても守りの態勢に入ってしまい、心のどこかではいつもお金のことが心配になっていて、暮らしを心から楽しめなくなってしまいます。

心地よい暮らしをするには、なるべく心の心配事や不安が少ないほうがいい、そして「充足の窓」から見た表れの世界を体験したいので、できれば、負債や借金、どんどん貯金が減っていくというサイクルは、あるよりは、ないほうが楽です。

次に、**入ってきた収入分を一か月、2・2・6の比率でざっくり分けて使っていきます。収入の2割が貯金、2割が投資、6割が生活費という具合です。**

そして、貯金のほうは、定期や定額貯金といった手堅いものから、経済・社会状況に敏感になり、かつ利回りのことも考えて、運用できる金融派生商品も一部はあってもいいと思います。

次の2割は投資です。これは自己投資のことで、自分の心がワクワクするもの、将来に向けて価値があると思われるもの、スキルアップや向上へとつながるものに対してお金をかけていくのです。

この中には、何かの資格を取ったり、本を買ったり、自己の活力源となる温泉や旅行、エステやワクワクするランチ会なども含まれると思います。

そして最後の6割が生活費です。この6割の中で、暮らしをまかなうと決めて、節約するところは節約し、お金をかけるところはかけて、丁寧に工夫しながら暮らしていくという感じです。

その場合の支出は、定額でかかっていくものと変動でかかっていくものを足した額が、実際の消費として使われていくわけですが、この消費のところも、「消費・投資・浪費」の三つに分けて考えます。

消費・投資・浪費に分けて考えよう

目安は、**絶対かかるもの、暮らしに必要不可欠なモノが消費。役立つ、ワクワク、元気、感動をもたらすモノやコトが投資。無駄買い、その場しのぎ、見合った価値のないものが浪費。**

このように考えて、なるべく浪費を抑えるよう努めると、気持ちの良い毎日を送ることが出来ます。

浪費は、「安物買いの銭失い」というように、本当は必要でもないもの、いつか必要といいながら、そのいつかがなかなかこないものなどが該当します。

なお、これはお金を払う時全般に言えることですが、**お金という自分が、相手のところに差し出されることによって、その想い（愛、天意）を放つことが出来るので、お金を使うということはとても素晴らしい行為であることを忘れてはなりません。**

ですので、ケチるのではなく、気持ちよく見送り、どんどん流すようにすると、水

の流れのごとくめぐりがよくなってきますので、

「喜んで流して愛をめぐらす」

というイメージをもって取り組まれるといいと思いますよ。


ちなみに、生活費の中にも「投資」があるので、2割のほうの投資とかぶるのでは？　と思われるかもしれません。

そうなんです。かぶるのです。だからこそ、余計にお金がかけられる（笑）んですね。この投資とは、一言でいうとワクワク投資です。たとえば、自分以外の、誰かや何かのためにお金をかけてみる等です。このワクワクの感情が、リッチマネーサイクルを生む秘訣でもあります。


自分の話で恐縮なのですが、以前、「何を買うと私はワクワクするのだろう？」と考えたことがあります。

すると、欲しいものは特になく、代わりに、両親や友人にプレゼントを贈ると私はワクワクするのだ、ということに気が付きました。そのことに気が付いた時、我ながらびっくりして涙がはらりとこぼれました。

自分が喜ぶことはもちろんですが、自分がさせてもらったことで、誰かが喜んでくれたら、もっと嬉しくなるということが腑に落ちてわかった瞬間でした。

ですので、ぜひ、この「投資」の中に、プレゼントや寄付といった、自分以外の誰かや何かが喜ぶことに「自分を（お金を）投じてみる」を入れてみてください。

すると、喜びのエネルギーが本当にめぐりやすくなるので、それこそ素晴らしい投資となりますので！

天から与えられた才覚——天才

では次に、収入の部分を少しでも増やしていく方法について、考えてみましょう。

お金はないよりあったほうがやっぱり何かと楽で、楽しいですから。

だからといって血まなこになって働くというよりは、働くことを通して、傍も楽になり、自分自身も充実してハッピーになっていく、そんなサイクルを生み出す「働く」を選んでいきたいものですね。

おまけに、日本は世界一の長寿国。なんと、今、生まれている子どもたちが大人になる時には、平均寿命が百歳を超えているのだそう。
この長いライフサイクルを考えると、働くこと、誰かの役に立つこと、お金をめぐらすこと、充実した人生を生きるということ、そんな一つひとつがとても大切になってきますね。

というわけで、ここからは才能をお金に変えるレッスンをしましょう！

……えっ？　才能？　私なんて、特にないし……。
なんてことは言わないでくださいね。
皆、全員、持っているんです。いえ、全員、天から持たされて生まれてきています。
天から与えられた才覚を持たされているので、その意味で私たちは皆、天才です。

自分の「天才」部分に気づき、そこを伸ばした人は、仕事として生かしたり、そうでなくても人から喜ばれたり、自身が充実して生きる糧となります。

ぜひ、才能開花で、人生における可能性を拡げてほしいと思います。

好きなこと、得意なことは？

では実際に、自分のどんなところがすぐれているのか、才能あるのかということを発見してみましょう。

その才能は、自分が**とても好きなこと、得意なこと**の中にあります。

具体的には、寝食を忘れるぐらい好きなこと、皆からすごく褒められてしまうこと、時間と労力をかけて取り組んでいたもの、などがそうです。

その中には、料理や読書といったものの他に、温泉巡りがものすごく好きとか、整理整頓が大得意とかいったものも含まれます。

「好き」というのは、素晴らしい才能です！

好きだからこそ、情熱をかたむけることが出来るし、能力も上がるのです。
今、とりわけ、好きなものが思い当たらない方は、幼い頃、どんなことをするのが好きだったか、どんなことをしている時が嬉しかったかなどを思い返してみるとよいでしょう。そこから一歩が始まります。
では思いつくままに、どんどん書き入れてみましょう。

WORK 7　あなたの大好きなこと、得意なことは？

書き入れたら、見返してみてください。

これがあなたという人間に与えられた、才能、才覚です。ユニークで愛らしく、素晴らしい才能に恵まれているあなたという個性（キャラクター）です。

この好きなこと、得意なことと社会のニーズがかけ合わさった時、仕事が生まれます。

たとえば、ビーズアクセサリーが得意な人がいたら、それを必要とする、欲しいと思っている人に届けることが出来たら、御礼にお金がめぐってきますので、仕事となります。

けれども、ビーズアクセサリーは、他の人もたくさんやっているので、自分のものを特に欲しがるわけではないと思う時は、他にある好きなことや得意なこととミックスさせて、新たなるオンリーワングッズを創ってしまえばいいのです。

たとえば、その人は他にも料理が得意だとしたら、料理のイメージに見合う、ビーズの箸置きを創って、料理レシピも添えてみるとか。それをブログで発表してみるのです。どうぞ、皆の喜びを思い浮かべながら、才能に磨きをかけ、新しいステージを開いていってくださいね。

マルチな仕事の時代へ

経営の神様といわれた船井幸雄氏は、**素直で勉強好き、プラス発想**でいることが成功へと導かれる条件であると伝えています。

また、JAL再生を成し遂げた京セラの元会長である稲盛和夫氏は、人生における結果を、**考え方×熱意×能力**であると伝えています。

自分自身を信頼し、好きなことを中心に、熱意をもって取り組み、素直で柔軟な姿勢で向かっていると、思いもよらなかった展開が開かれることがよくあります。

今までの主流であった、仕事は一つ、ライフスタイルも固定という形から、自分の中にあるさまざまな興味や資質、役割、ステージにあわせて、いろんな仕事をこなしてしまう。そんなマルチライフ、マルチワークスの時代が、到来しつつあるのではないかと思っています。

長寿化時代を迎えている今だからこそ、一つに絞らずに、たくさんの選択肢と可能性を育て、あなたの才能が誰かの喜びとなれることを願っています。

第四章

宇宙を味方につける
リッチマネーのことば

ミラクルワード21

この章では、
宇宙を味方につける
リッチマネーのことばを、
アファメーション
（宣言）形式にして、
お伝えします。
ふと思い出した時、
これらのことばを
唱えてみてください。
ことばが思いを導き、
思いは現実を創り、
現実は世界を作ります。
思考を変えるには、
ことばを変えるのが
一番の早道です。
ぜひ、お役立てください。

リッチマネーアファメーション 1

お金の正体

私はお金
お金は私
いつも潤してくれて
ありがとう

私はお金で、お金が私であるという定義づけをしてみましょう。

そしてそのお金が、いつも潤いたっぷりにめぐっているのだと「決める」のです。

決めて語るとそうなります。決めて語って思って動くと、もっとそうなります。

さて、自分＝お金だとするなら、私であるお金は、どういうふうに使われたら嬉しくて、さらなるめぐりがよくなるでしょうか？

それは、自分がありたい姿、思われたい姿を思い描き、そのような気持ちでお金と向かい合ってみることです。愛ある人なら、愛と共に使い、感謝されたいなら、感謝と共に使うのです。そうすると、お金の私は、本来の目的が叶うので、もっと嬉しくて、お友達を連れながらやってくるようになります。

どうぞ、自分がされて嫌なことは、お金に対しても、しないでいてくださいね。この考え方を脳内にインストールすることで、驚くほど現実が変化します。

ずっとじゃなくても構いません。飽きたら、アンインストールしていいのです。

ぜひご自身で実験し、体感と共に検証してみることをおすすめします。

リッチマネーアファメーション 2
お金の正体

お金は旅する神様です

お金は旅する神様。そう思って、お金さんと向かい合いましょう。

確かにお金は紙で出来ています。紙幣の幣とは、幣《ぬさ》のこと。

幣とは、神様に供えるお札《ふだ》のことでもあるんです。

旅する神様（紙様）が、あなたのお財布の中にやって来ては、また旅立っていきます。

そうしてやってきた神様に敬意を払いながら、気持ちよくおもてなししてあげましょう。

ではいったい、どんなおもてなしだと神様は嬉しいのでしょうか？


答えは簡単です。

自分がしてほしいと思うことを、お金さんにもしてあげるとよいのです。

なぜなら、旅する神様とは、あなた自身のことだからです。

あなた（お金さん）は、旅する神様、だったのです！

いろいろなものに姿を変えて、財やサービスとなって、世界中を旅することが出来る素晴らしい神様、それがあなたの本質です。

リッチマネーアファメーション 3
お金の性質

お金はいつも「役立ちたい」と願っている

お金さんは、いつも、誰かの何かの役に立ちたいと願っています。

自分だけの幸せも嬉しいけれど、自分以外の誰かや何かが喜んでくれたら、もっと嬉しくなる、そんな優しく愛いっぱいの意志がたくさん詰まっている素晴らしい存在――それが、お金さんなんです。

なので、自分（お金さん）を差し出すことで、何かのエネルギーへと変わり、喜ばれることが何よりも嬉しいんです。

あなたもそうではないでしょうか？

自分の幸せも嬉しいけれど、自分がいることで、誰かが喜んでくれたり、役立つことが出来たら、もっと幸せな気持ちが増しませんか？

お金＝自分です。お金の意思は、役立つことが喜びです。

私たち日本人は、古来より、利他《りた》心という宝を抱いて生まれてきています。

お金さんが持っている真の性質も、この利他心がベースになっています。

リッチマネーアファメーション 4
お金の性質

お金はさびしがりや、群れるの大好き

お金という存在は、実は結構さびしがりやで、仲間を作って群れることが好きだって知っていましたか？

あなたも、一人でいることも楽しいでしょうが、気の合う仲間とワイワイやるのも、楽しくないですか？　その感覚と一緒です。

お金は、仲間と一緒につるんで旅したり、仲間をいっぱい引き連れて集まり、その塊《かたまり》の力で、誰かの何かの役に立ちたいと願っています。

なので、仲間をいっぱい引き連れて集まりたくなるような環境設定を、あなたのほうでしてあげると喜ぶのです。

具体的には、お財布というお金のおうちを綺麗にするとか、お金が入ってくる方法を一つではなく複数に増やすとか、口座開設や副業を始めてみるなど、受け取り間口を広げていくのです。

そうして「いつでもきていいからね。仲間と一緒に来ても大歓迎！」と、気前のよい女将さんのように、言ってあげてください。すると、見えないネットワークで噂を聞きつけたお金さんたちが、仲間を引き連れてやってくるかもしれませんよ。

リッチマネーアファメーション 5

お金の性質

出して始まる、ザックザク

ザックザクなんて、まるで昔話の小判のような表現ですが、わかりやすいので、こう表してみました。

おカネさんがたくさんやってきてほしいのなら、まず出すことから始まります。

太鼓は打つから音が鳴るように、呼吸は息を吐いてから吸うように、出入り口というように、最初はoutで次にinです。

かのお釈迦《しゃか》さまは、かつて、お弟子さんたちに、「裕福な家ではなく、貧しい家を回って托鉢するように」と言われたそうです。なぜかというと、貧しい人たちは自分たちのことを貧しいと思っているので、他人に施すことができません。「その観念があるからこそ、ますます貧しくなり、貧しさから抜け出すことが出来なくなっているのだ」と説かれたそうです。つまり、貧しい人たちからお布施《ふせ》をいただくことは、貧しさから彼らを救ってあげることでもあったのですね。

今の収入の多少にかかわらず、まず出すこと。出来れば、未来の自分も含め、誰かや何かの喜びに変わることに、お金を旅立たせてあげるのです。

そこから新しい展開が始まっていきます。

リッチマネーアファメーション 6
お金との向き合い方

「お金がない」は、もう卒業!

お金がない、という口癖からは、もうそろそろ卒業しましょう。

お金がない、ということは、すなわち「自分がない」ということと一緒です。

自分がないと言うことは、自己の存在は虚《うつ》ろなもので、私には力がない、価値がないと言っているのと同じになってしまうのです。

これは、自分が自分自身にかけている、負の呪文のようなもの。

リッチマネーライフを送ると決めたあなたにとっては、不要なワードです。

ですので「お金がない」の言葉からは、もう卒業したほうがよいのです。

同様に、「お金が足りない」＝「私の力は足りていない」や、「お金が少ない」＝「私の力はあまりない」といった言葉も、あまり言わないほうが得策です。

言葉というのは、音波という現象世界の電磁波なので、潜象世界にある思考よりもさらに強烈だからです。逆を言えば、「お金は満ちている」とか「お金はいっぱいある」という言葉を唱えることで、思考を導くことも出来るということです。

言葉を上手に使って、人生をアップグレードさせましょう。

リッチマネーアファメーション 7

お金との向き合い方

なんでもお金のせいにしない

やってみたいことあるんだけれど、先立つものが……といった時、行動できない原因を、お金のせいにしてしまうことがよくあります。

こうしてすぐにお金のせいにしてしまっては、大事なお金さん（＝私）に対して、実は失礼なんですね。というのは、次へと進めない真の理由は、お金ではなく、自分の中のやる気のなさ、熱意の欠如かもしれないのですから。

時間や年齢、環境のせいにしてしまうのも同様です。

〇〇が出来ない。じゃあ、どうする？　と出来ないことを嘆くより、出来る方法を考えましょう。

あるいは、〇〇がやりたいけれど、〇〇（お金など）がない。けれど、とりあえず進んでみよう！　と動いてみるのです。行動することで、次の流れが生まれ、思わぬサポートも入るかもしれません。

お金をどうぞ悪者にしないであげてくださいね。

お金さん（私）は、いつも愛し愛され、増えて皆のお役に立ちたいと思っている尊い存在なのです。お金さん、ごめんね、愛している。いつも本当にありがとう！

リッチマネーアファメーション 8
お金との向き合い方

ピンチ、ピンチ、チャンス、チャンス、ランランラン♪

この言葉はぜひ、歌いながら唱えてみてください。

お金がピンチだなぁと思った時や状況がまずいなぁと思った時に、使えます。

日本一の個人投資家だった竹田和平氏は、ピンチ＝危機のことを、「危険と機会が一緒になっている状態である」と言いました。

リスクとチャンスが手をつないでいる状態、これが危機の意味なのだそうです。

これを感情表現でいうと、チャンスは「ワクワク」で、リスクは「ドキドキ」になります。

つまり、ピンチとは、ワクワクドキドキで、次なる進化の時がやってきているというお知らせだったのです。

ピンチになると、知恵と工夫が生まれます。

通常以上の力も発揮することが出来ます。

その度に、あなたの力がグンと増し、あなたはさらにパワーアップするのです。

ピンチとは、あなたが、次のステージへ行くための、未来からの招待状です。

リッチマネーアファメーション 9
お金との向き合い方

「いってらっしゃい」で見送り、「おかえりなさい」で迎える

私たちが日常している挨拶を、お金さんにも適応しましょう。

お金である自分が旅立つ時は、「いってらっしゃい、愉しんできてね」という気持ちで、快く見送り、お金がめぐってくる時は、たとえお釣りであったとしても、「おかえりなさい。よく来たね」といって、ねぎらってあげるとよいでしょう。

私たち日本人の素晴らしいところは、おもてなし上手であるということです。

ぜひ、このおもてなし上手を、日頃頑張ってくれているお金さんにもしてあげてはいかがでしょうか？

お金は、前の人の想念を始め、たくさんの人の想いを抱えて、あなたのもとへ戻ってきます。ご祝儀《しゅうぎ》でもない限り、お金さんはきっとお疲れのことでしょう。

せめて、あなたという宿に一時預かりしている時は、いい気分で過ごしてもらうように、感謝の想いを送り、浄化をしてあげると、お金本来のエネルギーがアップします。あなたがしてもらって嬉しいことは、お金さんにとっても嬉しいことなのです。

リッチマネーアファメーション 10
お金との向き合い方

私は安さで買わずに、感動で買います

あなたが買い物をする時の基準は何ですか？

本当に欲しいものを買っていますか？

それとも、安いから、お買い得だからという理由で、それほど必要なものでなくても、つい買ってしまっていませんか？

「安物買いの銭失い」という言葉もあるように、安さを一番の基準にしてしまうと、おそらく余計なものまで買い込んでしまいます。それよりも、感情が「好きだから」、「必要だから」、「欲しいものだから」という気持ちが湧き上がったものに対して対価を払うようにすると、買い物の質が上がります。

また、さらに上質を目指そうとするなら、感情の一段階上にある、感動で買うようにすると、それはとても心に残る買い物ということになります。

つまり、「安さ＜感情＜感動」の順でリッチマネー度が変わってくるということです。

安い自分になるのではなく、感動の自分がお金として表現され、めぐっていくことで、上昇スパイラルに乗ることが出来ます。

リッチマネーアファメーション 11
お金との向き合い方

私は消費者ではなく、生活者です

消費者という言葉は、売る側から見た表現です。

もちろん、いろんなものを消費しながら暮らしているわけですが、私たちは消費者である前に、生活者なのです。

生活者としての視点を持つことで、主導権を、自分に取り戻すことが出来るようになります。

私たちは、ただ、消費者として、モノを消費してお金を減らしていく受動的な人ではなく、どの商品を購入し、選ぶかということを、自らの自由意志で決め、暮らしている能動積極な人生を送る人である、という宣言です。

こうすると、ただコマーシャリズムに流されて、無駄買いしてしまうということはぐっと減り、代わりに、本当に必要な消費は、どんな消費かということを考えるようになります。

自分自身や家庭にとって、心地よいもの、必要なもの、それを買うとさらに良い方向につながるものを、生活者の目線で、しっかりチョイスしましょう。

リッチマネーアファメーション 12
お金との向き合い方

お金は、私の清き一票です

前述の「私は消費者ではなく、生活者です」の続編ともいえるアファメーションです。お金というのは、所有している量の違いはあれど、ほぼすべての人が持っているものです。

お金をどこに、どう使うかはあなたの意思が決めています。

お金はあなたに与えられた、選挙権のようなもの。あなたの清き一票をどこに投じて、どんな人（もの）を選ぶかは、あなたが決めていいのです。

これから買う時は出来るだけ、モノの奥にあるエネルギーの質も考慮されるとよいでしょう。

たとえば、安いけれど児童労働のにおいがするものや、グレーな関わりのある企業のもの、地球に負荷がかかるものなどを「買わない」という選択も出来るのです。これをエシカル消費（倫理的消費）といいます。

私たちは、日々の買い物を通して、社会をより良くする具体的なアクションを起こすことが出来ます。誰かや何かの悲しみとなるものに協力しないという選択。

お金さんであるあなたは、社会に、世界に、能動的に関わり合っています。

リッチマネーアファメーション 13

お金の法則

与えたものが受け取るもの

宇宙から教わったお金の秘密——お金とは自分の分身であるということを、この世界に表すための基本設定として設けられたゲームルールが二つあります。

その一つが、「鏡の法則」です。

「与えたものが受け取るものである」というルールは、シンプルでいながら、とても深い真理を携えています。

喜び放てば喜ばれ、尽くす者は尽くされて、裏切るものは裏切られ、批判するものは批判される……このように、自分の放った矢が、めぐりめぐって戻ってくるのです。しかも、戻ってくる時は、元のエネルギーよりパワーアップした状態で戻ります。

お金を払う時、あなたはどんな気持ちで払っていますか？

クレジットカードを使う時は、どんな気持ちで差し出しますか？

日々ある一つひとつの感情や行動、言葉が、あなたの未来という時空を決定づけているのです。お金さんは、あなたのすべてをデータ記録しては、鏡の法則に従って、与えたものをお渡しできるように、着々と準備を進めています。

どうぞ、幸せでありますように。喜びの中で進めますように……。

リッチマネーアファメーション 14
お金の法則

すべてはめぐりゆく

宇宙から教わったお金の秘密――お金とは自分の分身であるということを、この世界に表すための基本設定として設けられた、ゲームルールの二つめが循環の法則であり、「すべてはめぐりゆく」というものです。

与えたものはめぐりめぐって、自分のもとに戻ってきます。しかもよりエネルギーアップして戻るのです。

めぐりゆく時は、いろんなエネルギーとなって駆けまわります。

循環の法則がわかれば、一見、異なるもののように見えても、その本質は同じであることを知っているので、そんなにあわてることはなくなります。

ああ、今、お金さんである私は、いろんなものに姿を変えながら、旅に出ているんだな。私は、その度に誰かの何かの役に立つんだな、ありがたい……そんな感じで、手元にあるお金ばかりに執着することはなくなることでしょう。

また、すべてはめぐり、そして戻ってくることを知っていることで、安心して、お金と向き合い、心を調えることが出来るでしょう。

リッチマネーアファメーション 15
豊かさの心得

「なる」のではなく、
「ある」
私はいつも、
満ちている

この言葉は、「お金＝私」と二つの法則（鏡の法則と循環の法則）を、より確かなものにする「選択と共振の法則」を使ったパワフルなアファメーションです。

「なる」のではなく「ある」時空を選択するという観点は、量子力学的な見方です。すべての物質のもとである量子は、無数からなる潜在的可能性の場であり、時空を超えて同時存在しています。お金でいえば、すでにお金持ちの次元もあれば、その真逆も中間もあるというように、さまざまな「現実」がすでにあると見なします。

「なる」という言葉をつかうのは、時間を直線的にとらえた時だけです（ちなみに脳も量子場です！）。

この、すでに「ある」時空の中から、自分が望む現実を選択して、共振させることで、望む現実を表そうよ（波から粒へ）というものです。

同時に、「私はいつも、満ちている」とすることで、不足ではなく豊かさを選び、豊穣と完全性に満ちた宇宙を味方につけて、高い現実（望む現実）を表します！ という決意表明でもあります。

リッチマネーアファメーション 16
豊かさの心得

経営とは、
縦の経を営むこと
経済とは、
縦の経で
皆を救い上げること

経営と経済の本質について語ったアファメーションです。

経営者はもちろんのこと、お金を扱い経済活動をしているということは、自分会社、家族会社における経営者であるともいえるのです。

縦の経というのは、お経という言葉もあるように、天から真っ直ぐに降ろされた天の意思――宇宙法則です。

宇宙の法則性は、「すべては生成発展し、調和の方向へ向かい進化し続ける」ということであり、この天の意思のことを天意＝愛と呼びます。

そのように考えると、経営とは、天の意思に適うように営みなさいということであり、経世済民の略である経済は、天の意思に沿って歩み、皆を導き救い上げ、そんな世の中をつくってくださいね、ということになります。

経済という言葉は、神様の世界から、この世を眺めた言葉のようにも感じます。

旅する神様でもあるお金さん（＝私）が、いろいろなものやエネルギーとなって、世界をめぐらせ、皆を幸せな方向へと導いていく行為。これが経済活動であり、マネーは、天の意を具体的に表す素晴らしいツールなのです。

リッチマネーアファメーション 17
豊かさの心得

アイム・パーフェクト！

アイム・パーフェクト！（私は完璧です）は、とてもパワフルなアファメーションです。というのは、自分の完全性にアクセスすることは、すべてのもとである根源意識へと直通でつながる言葉だからです。

自信がなくなった時、どうしていいかわからない時……そんな時こそ、この言葉を何度か唱え、瞑想してみましょう。

もし、質問がある場合は、夜寝る前にこの言葉を唱えて、質問をしてから眠りましょう。そして翌朝に、まどろみの中で関連するひらめきがやってくるのを待つのです。もし、すぐに出ない場合は、しばらく続けてみるとよいと思います。

いのちの次元では、すべてが完璧で完全です。

あなたはいついかなる時も、この意識に護られていて、起こる課題は必ず乗り越えられるものしか与えられません。

表面の自分だけで頑張らずに、自己の奥に住まう高次の意識——根源意識（普遍意識、真我、宇宙意識、いのちとも言います）とダイレクトにつながって、人生を輝きと潤いで、いっぱいに満たしてくださいね。

リッチマネーアファメーション 18
豊かさの心得

やりたいようにやる
やるべきこともやる

人生は、やりたいことをやりたいようにやるのが一番です。

やりたいと思うこと、大好きなことが見つかったら、ぜひトライしてみてくださいね。人生は一度きりで、あなたの人生はあなたのものです。誰かの何かの評価のために生きるのではなく、あなた自身のいのちが喜ぶ方向に進むことが天の望みです。

また、さまざまな障壁はあるかもしれませんが、少なくとも、お金のあるなしで人生を決めるのではなく、やりたいかどうかで人生に臨めるように意図しましょう！

とはいえ、生きていく中では、やりたいことだけではなく、やらなくてはいけないこと、やるべきこともたくさんあります。その場合は、仕方なく臨むのではなく、どうせやるべきことなら、思いきって、そのことを好きになれる自分になるまで、自分磨きのレッスンが来ているのだと思ってくださいね。

そんな気持ちで向かい合っていくと、だんだん苦手意識が消えて、次第に、それほど気にならないものと、好きなものが更に増えていくことになりますよ。

ファイト！

リッチマネーアファメーション 19
豊かさの心得

頑張る自分も
いいけれど、
最高の自分なら
もっといい

私たちは、いつも頑張っています。

頑張ることは美しく、正しく、価値のあるものだと教えられてきました。

けれども本当にそうなのでしょうか？

鳥は頑張らないと飛べなかったり、ひよこは頑張らないと鶏にならないのでしょうか？　あるいは赤ちゃんは、頑張らないと成長できないのでしょうか？

頑張るとは、我を張るということでもあり、実はあまり効率良くないのです。

自分だけが頑張って出来ること（自力）は、それほど多くありません。

他人や環境、運、ご先祖さまや神々といった自分以外の力（他力）も加わることで、自力＋他力＝全力となって、自分が一歩進めば十歩加速されるように、事が運ばれる。

こちらのほうが、楽しそうだし、良い結果を生む気がしませんか？

それが、「最高の自分を表現しよう」と思うことです。

こうすると、細胞レベルからゆるんで、脳内も身体も一番いい状態で、最高の現実を創りやすくなるのです。

努力よりワクワクを選ぶ、これからの成功法則は、こちらでいかがでしょう？

リッチマネーアファメーション 20
豊かさの心得

すべての人は観音様の化身です

このアファメーションは、人間関係やコミュニケーションで悩んでいる時に、とても使えます。

お金と人との関係性は、密接につながっています。というのは、お金というのは自分以外の誰かがいないと成立しないシステムだからです。

わかりやすくいえば、縁も円も皆、人が運んでくるもの、と考えたらよいでしょう。誰とつながるか、どことつながるか、何をもってつながるかで、私の分身であるお金さんの出入り口も大きく変わってきます。

けれども、人づきあいはなかなか一筋縄ではいきません。こんな時は、考え方の一つとして、皆、観音様の化身なのだと考えてみるのはいかがでしょうか？

観音様は三十三の姿に身を変えて、私たちの前に現れてくださるそうです。中には、わざと意に沿わないことをして自分を磨いてくれる観音様もいらっしゃるそうです。これも愛の姿です。

人は皆、ありがたい観音様。そう思って、日々を笑顔で優しく過ごしたいものですね。

リッチマネーアファメーション 21
リッチマネーの極意

ありがとう
だいすきだよ

「ありがとう、だいすきだよ」、「ありがとう、だいすきだよ」こうして、言葉として見るだけでも、笑顔になってくる温かくて最強のアファメーションがこれです。

物事が好転していく秘訣や、どんどん伸びていくコツは、まさしく感謝で始まり感謝で終わる「ありがとう」が駆けめぐる世界です。

いろんなものにもコトにも人にも、「ありがとう」の想いを伝えましょう。

最初は口先だけでも構いません。けれどもやっているうちに、だんだん身体感覚も揃ってくるので大丈夫！　もちろん、自分自身にも「ありがとう」をお忘れなく！

次に、感謝の想いに加えて、「だいすき」という積極的な愛の想いを添えてあげるのです。つまり、愛と感謝でめぐらせていく、これがあらゆるものを生成発展させていく、宇宙本来のしくみであり、宇宙を味方につける最強のコツです。

日頃できるレッスンとしては、歩きながらや乗り物の中でも、目に飛び込んできたものに対してこの言葉を心で唱えるのです。少しやっただけでも、次に見える風景が確実に変わってきます（表れる時空場が変わります！）。

とても気持ちいいし、いいことが起こりやすいので、ぜひ試してみてください。

リッチマネーアファメーション

エクササイズスケール

＊ 私たちは豊かさの泉です。リッチマネーアファメーションを通して、
豊かさを受け取り、与え合うフィールド（清富の時空）と、
しっかり共振してしまいましょう！
週一回、アファメーション内容を実感できたかどうか、チェックしてみましょう。
チェック日　　　　　年　　月　　日

5　とてもよく出来た
4　よく出来た
3　出来た
2　少しだけ出来た
1　出来なかった

（書き込んだページをコピーして、手帳に挟んでおくのもよいでしょう）

※以下、当てはまる数字に○をつけてみましょう。

1 **お金の正体**
私はお金　お金は私
いつも潤してくれてありがとう
5・4・3・2・1

2 **お金の正体**
お金は旅する神様です
5・4・3・2・1

3 **お金の性質**
お金はいつも「役立ちたい」
と願っている
5・4・3・2・1

4 **お金の性質**
お金はさびしがりや、群れるの大好き
5・4・3・2・1

5　お金の性質
出して始まる、ザックザク　5・4・3・2・1

6　お金との向き合い方
「お金がない」は、もう卒業！　5・4・3・2・1

7　お金との向き合い方
なんでもお金のせいにしない　5・4・3・2・1

8　お金との向き合い方
ピンチ、ピンチ、チャンス、チャンス、ランランラン♪　5・4・3・2・1

9　お金との向き合い方

「いってらっしゃい」で見送り、
「おかえりなさい」で迎える

5・4・3・2・1

10

お金との向き合い方

私は安さで買わずに、感動で買います

5・4・3・2・1

11

お金との向き合い方

私は消費者ではなく、生活者です

5・4・3・2・1

12

お金との向き合い方

お金は、私の清き一票です

5・4・3・2・1

13

お金の法則

与えたものが受け取るもの

5・4・3・2・1

14

お金の法則

すべてはめぐりゆく

5・4・3・2・1

15

豊かさの心得

「なる」のではなく、「ある」

私はいつも、満ちている

5・4・3・2・1

16

豊かさの心得

経営とは、縦の経を営むこと

経済とは、縦の経で皆を救い上げること

5・4・3・2・1

17

豊かさの心得

アイム・パーフェクト！

5・4・3・2・1

18

豊かさの心得

やりたいようにやる
やるべきこともやる

5・4・3・2・1

19

豊かさの心得

頑張る自分もいいけれど、
最高の自分ならもっといい

5・4・3・2・1

20

豊かさの心得

すべての人は観音様の化身です

5・4・3・2・1

21

リッチマネーの極意

ありがとう
だいすきだよ

5・4・3・2・1

気づきメモ

第五章

モノとココロが調和したワンダフルワールドへ

ココロリッチでモノリッチの世界へ

第四章のリッチマネーアファメーション。気に入った言葉はありましたか？

どうぞ、一つでも二つでもいいので、この言葉を、暮らしの中に取り入れてみてくださいね。

そうすると、ものごとの根底にある部分――BEINGの部分が変わっていくので、自ずとRESULTSの部分も変化していくのです（31ページ参照）。

いうなれば、蒔かれる種が変わるので、咲く花も変わるということです。


本書は、お金の儲け方を示したハウツー本でないので、すぐに効果は表れないかもしれませんが、表面的なテクニックを知るよりも、確実に変化が訪れるようです。

実際、このことを知った多くの方より、喜びの声を数多くいただいています。

一番多かったのは、お金に対する罪悪感が消えたこと、そして、「お金も自分も大好きになった」という声です。

また、自身の才能で働いている人たち（クリエイターやダンサー、セラピストなど）で、きちんと自分の価値を対価として表すために、値段を言うときに、恐れが無くなったという方もおりました。

もちろん、お金が潤沢にめぐることを体験している方たちもたくさんいて、その方たちは、「どうしてこんなにうまくいくのかわからない」と嬉しい叫びをあげながら、次々とお金に不自由しない暮らしを手に入れ始めています。

その方々に共通してみられる特徴は、実に楽しげで生き生きしていることです。

あなたも、ぜひ、その一人になってしまいましょう。

ココロリッチで、モノリッチである清富の次元の人々です。

宇宙はそんなあなたに、惜しみないサポートを与えてくれることでしょう。

愛か不安かどっちを選ぶ？

あなたは、ものごとを決める時、愛に基づいて決めていますか？

それとも不安をベースにして決めていますか?

どうも私たちは、**究極的なところ、愛か不安かの二択で、進むべく道を決めている**ようです。

どういうことかというと、愛をベースにして生きている時は、幸福感を覚えやすいのに対し、不安のほうを選んでしまうと、イライラや悲しみ、心配や恐れといった感情にさいなまれ、あまりハッピーには暮らせないということなのです。

もちろん、愛をベースにして生きたほうが、いいことはわかっているのですが、現代の社会は、けっこうそれが難しいのですね。

新聞やネットを見ても、不安をあおることや、心配になってしまう情報のほうが、圧倒的に多いし、環境問題や食品添加物、自然災害など、気が重くなることばかり。

よほど意識的に暮らさなければ、あっという間に不安の虜《とりこ》になってしまいます。

また、健康面や人生における課題、家族関係、パートナーシップ、職場の問題、お金の問題……気にかかることは、いろいろとあるものですし……。

それでも、それでもです。

愛をベースにして生きると決めるのです。

そこからすべてが変わります。

これは、実は、前述した「充足の窓」か「欠乏の窓」か、どちらの窓から眺め、選ぶかと同じ設問であります。

満ちている、充分だ、ちょうどいいだけあるとする充足の窓は、愛をベースとした生き方です。

足りていない、充分ではない、もっともっとと思う欠乏の窓は、不安をベースとした生き方です。

どちらを選んでもいいし、どちらを選ぶ自由もあります。

ただ、欠乏、不安を選択した場合は、どうしてもエネルギーレベルも落ち、不安に基づいた量子場から、不安を後押しする現実を創りやすくなるため、なかなか思うように事が運ばないということです。

欠乏の窓は愛欠乏症

いいかえると、欠乏の窓というのは、愛が枯渇している状態――つまり、**愛欠乏症**のことをさしていたのですね！

しかしながら、私たちの本質である「いのち」の真実からみると、それは、まったくの勘違いであることに気づかされます。

私たちの真ん中の心、真心に宿るいのちは、愛そのもので、枯渇なんかしていないのです。

私たちのいのちは、天の意志（天意＝愛）から枝分かれしたものです。

愛が満ち満ちている、それが私の本体なのです。けれども、外側の出来事ばかりに囚われてしまうと、真ん中の心から切り離されてしまったような感覚に襲われます。

この分離感が、愛欠乏症となり（愛がないんじゃないんです。足りないと感じる状態、もしくは元の一体になりたいという感覚です）、もっと欲しがる、満ちていないと感じさせていたわけです。

これが、「欠乏の窓」の正体でした。

私は今、満ちている。

私は今、愛されている。

私は愛でいっぱいだ。

こうとらえて、自分に言い聞かせてみてください。

不安で怯えている表面の自分に、まるで母が子をなだめるがごとく、言ってあげるのです。

続けているうちに、だんだんと表面の自分だけではなく、潜在意識、そして超意識にまで届いてクリーニングされていきます。

そうして、いつのまにか、欠乏の窓が、グーンと小さくなって、代わりに、大きな充足の窓が開いていくことでしょう。

意識の書き換えをする

では次に、今度は、この言葉の主語を、「お金」に変えて言い換えてみて、言い直してください。すると……、

お金は今、満ちている。
お金は今、愛されている。
お金は愛でいっぱいだ。

……となります。

お金を自分として見た途端、お金の定義づけもガラッと変わってしまうことがわかります。

この定義づけは、実は、**強烈な潜在意識の書き換え作業**でもあるのです。

意識の9割を占めている無意識層が変わると、確実に、現実の表れ方が変化します。同時に、不安や欠乏、恐れといった、心の曇りが取り払われてくるので、本当の自分である心の深層部分——超意識の部分が、顕在意識まで表れやすくなります。

豊かで満ち足りた、超意識の部分と直接つながることで、あなたは頑張らずとも、自然に豊かさへ引っ張られるように、導かれていきます。

そもそも頑張るとは、我を張ることでもありますから、自我（顕在意識）をより強めることになり、効率が良くないのです。

真我（超意識）の望みに沿って、自我（顕在意識）を使えば、自力＋他力＝全力となって、パワー全開となります。

どうぞ、自我のささやき声――もう「お金がない」とか「お金が足りない」といった、負の呪文で、無意識層をさらに強固にし、表れる世界を「ない、足りない」世界で、予定通りの現実を表すのではなく、豊かさと愛の次元まで、真っ直ぐにアクセスして、真心が望むままに動いてみましょう。

そして、たとえまだ現実に表れていないとしても、あたかもそれがすでにあるかのように振る舞い、行動してみるとよいのです。

なぜなら、**潜在意識は、現実に起こったことと、イメージの区別がつかない**からです。

必ずそうなる、ある、として、すでにそうなっている感情と行動で動くことで、どんどんその現実化が強まっていくものなのです。

与えるものが受け取るものです。

思いが結果となり、現れを規定します。

信じる限界が現れる限界です。

ない現実を選択するのも、ある現実を選択するのも自由意志に任されています。

現実化のしくみは、あなたが欲しいものが表れるのではなく、あなたのようなものが表れるのです。

いわばあなたは強烈な磁石なのです。

自分と同じものを惹きつけ表す、というのが現実化のしくみです。

どうぞ、自分の想いの質に注意を払ってください。

そうして、深い自分の想いに従って、言葉と行動をそろえてみてください。

この積み重ねが、現実変容の確実な一歩となるのです。

マインドシフトされた世界へ

さて、**あなたが欠乏の窓ではなく、充足の窓から世界を眺めた時、お金は愛と感謝の代替品となり、旅するあなたそのものとなって、さまざまな場所へ出かけます。**

お金を「愛」の思いでめぐらす時、あなたの愛もめぐらされ、人生の充実とともに、物資的な豊かさがめぐるようになります。

お金の本質は愛であり、あなたの本質も愛です。

お金は私、私はお金、という新しい見方は、あなたの人生を確実に変える鍵になります。

見える世界が変わり、買うものが変わり、人やモノとのつきあいが変わり、暮らしの質が変わり、あらゆるものが変容していくかもしれません。

ちなみに、変容とは、内側から変わっていくことで、外側だけが変化するわけではありません。

お金の見方が変わることは、すなわち、あなた自身の変容でもあるのです。

蛹《さなぎ》が蝶《ちょう》に変わるように、あなたは変容を遂げていきます。

それが、マインドシフトされた世界——私たちの本質がありたいと望んでいる理想の姿なのです。

私たちは、最も身近なお金を通して、この壮大なる神の計画に、参加することが出来るのです。なんと素敵なことでしょう。

三つの富と宇宙の富

ではここで、最後のワークを始めたいと思います。
次ページの図の中に、今あなたが得ている「富」だと感じるものを、自由に書き入れてみましょう。

例
　心の富　　優しさ、思いやり、粘り強さ、明るさ……
　身体の富　健康、元気、美しさ……
　暮らしの富　自己実現……○○の資格、○○の仕事、ボランティア……
　　人間関係……両親、家族、パートナー、子、友人○○……、
　　モノ・コトの富……宝石、家、環境、○○の出来事……

あなたの富を再確認する

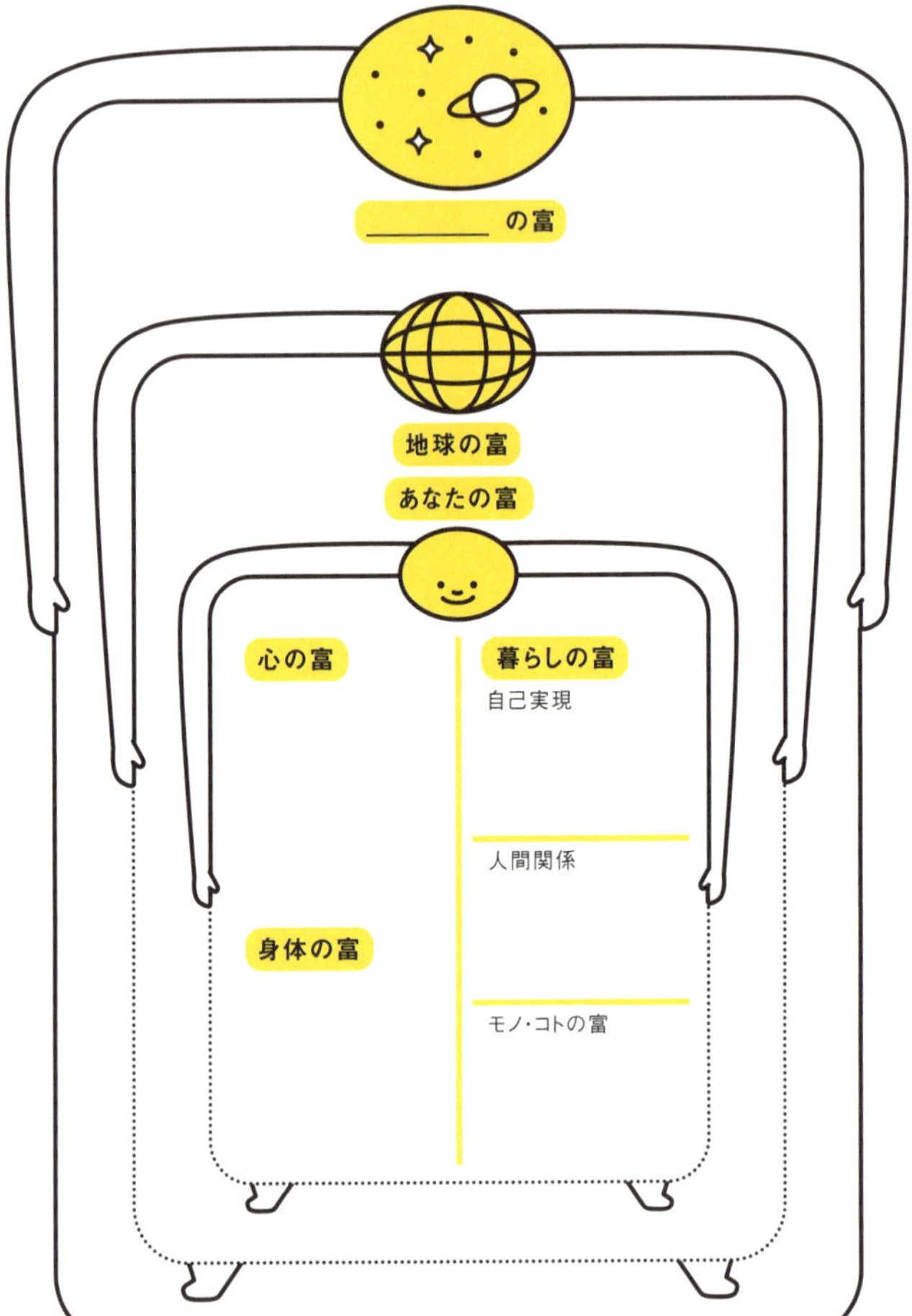

あなたの富は地球の富でもあり、
宇宙の富でもあるのです!

書き入れたら、それを全部包んでいる一番大きな丸のところを見てくださいね。

そしてそこにある――――の箇所に、「宇宙」という言葉を書き入れてほしいんですね。

書き入れたら、全体を俯瞰してみましょう。


ここに書いてあるのは、あなたを通して表現された**「宇宙の富」**です。

あなたというくのちは、心と身体と出来事を通して、宇宙からさまざまな贈りものを、すでに受け取っていた！　ということです。

このことに気づかされると、気づいてくれた宇宙はますます喜びます。

そうすると、宇宙は太っ腹ですので、さらなる豊かさや富を送り届けたくてうずうずするんです。


けれども、もし、受け取り手の側がもらうのを拒否していたり（「自分には受け取る価値がない」「どうせ無理だ」と思い込んでしまう勘違い状態の心）、不満や不安、嫉妬、恐れ、欠乏といった、低振動の心で自分のエネルギーフィールドを囲ってしまうと、どうしても高い宇宙の気とまじりあえないので、上手にお届けもの（富）が届けづらくなってしまうのですね。

宇宙ははっきりいって、やる気満々です（笑）。

自分の分身であるあなたが、心地よく生きられるよう、豊かさをめぐらせたい気持ちでいっぱいなんです。

ところで、この本のタイトルは**「宇宙を味方につけるリッチマネーの秘密」**ですが、宇宙サイドから見たタイトルは**「宇宙を味方につけてほしいリッチマネーのしくみ」**だったんですね。

ぜひ、味方につけてあげましょう。

宇宙が使いやすいあなたを生きましょう。

そうすると、宇宙は、シンクロニシティ、奇跡、偶然、やらせ（?）なんでもありで、あなたにますます楽しい人生の潤いと富をもたらしてくれることでしょう。

無財の七施

では、宇宙からみて、富を届けやすい人、応援しやすい人の特徴を挙げておきます。
それは、紀元前に生まれた聖者――お釈迦様が残した教えの中で、すでに述べられていました！

【無財の七施《しちせ》】

1 眼施（げんせ）……優しい眼差し、慈愛に満ちたまなざしで、人を見つめ、接すること。
2 和顔施（わがんせ）……穏やか、和やか、笑顔、嬉しい表情で人と接すること。
3 言辞施（ごんじせ）……愛に満ちた言葉かけ。
4 身施（しんせ）……身を使って出来ること、行動、行為をすること。
5 心施（しんせ）……思いやり、いつくしみ、共感の心。愛の心。
6 床座施（しょうざせ）……席をゆずったり、休める場を与えたりすること。

7 房舎施（ぼうしゃせ）……何かしらの場面や場所、空間を提供すること。

このような、「お布施」をしている人は、宇宙が特に応援しやすいのだそうです。

ちなみに、無財のというのは、お金がなくても、という意味のこと。

見えるお金を今、使わずともすぐにできる施し、つまりエネルギーとして潜象次元で、お金を先に得てしまう方法が、無財の七施だったんですね。うーん、なるほど！

宇宙から届けられた物語

いよいよラストメッセージとなりました。

ラストメッセージは、ある物語をお届けします。

それは、お金の秘密について、宇宙に問いかけた時に、心の眼に映し出された物語です。

このストーリーをあなたと共有して、次なる物語を共に紡いでいけたら嬉しいです。
では、上映スタート！

「リッチマネーの秘密」

私たちが豊かでいること、幸せに暮らすこと。
みんな仲良く、調和し、すべてが栄えていくこと。
このことは、私たちだけではなく、宇宙の意志として、
時の始まりからずっと、組み込まれていたものでした。

宇宙が始まって138億年、地球が生まれて46億年たった今、
そろそろ地球にも、宇宙の意思が、沁《し》みわたる時代がやってきたようです。

宇宙の意志――天意（愛）は、その想いを小さな種にして、

地球の管理人である、NINGENたちの心の真ん中に、
そっと入れて、長い間、ずーっと見守ってきました。

もちろん、早く発芽して、花を咲かせた人もいます。
その人たちは、時代のリーダーとなって、
多くの人々に、どうしたら発芽するかを教え、
時を超えて、多くの人たちに語り継がれましたが、
なかなか発芽はしてくれませんでした。

地球母さんはそのあいだ、皆が芽を出してくれるよう
たくさんの協力を惜しみませんでした。
それをいいことに、やんちゃで幼い私たちは、
むしりとってまで、母のものを欲しがるようになりましたが、
それでも彼女は、与え続けることをやめませんでした。

いつか、発芽するその時を楽しみに、野の花と一緒に咲く、その時を待ち、
長い年月をかけて、地球の子どもたちを見守り、慈しんできました。

やがて、ぽつり、ぽつりと、発芽する人が出てきました。
一人が発芽すると、その波動を受けて、まわりも次々と発芽しだすのです。
そうして、いつしか、多くの人たちの心の中に、
小さな芽が、ピョコンと顔を出し始めるようになりました。
それはそれは、かわいらしい芽でした。
まだ、芽が出ていない人も、暗い土の中では、根が伸び、芽が膨らんで、
早く、土の上に出たくて、うずうずして待っています。

ある日、遠い宇宙の向こうから、夜明けの鳥が鳴く声を聴きました。
とうとう時が満ちたのです。
この時を、宇宙も、地球も、そして、私たちの心の奥底も、

どんなに、待ち望んでいたことでしょう。

芽が伸びるために、必要な水は、宇宙がすでに、用意してくれています。
あとはその水を、心の芽に注いで、茎や葉となり、
花を咲かせる日を待つばかりです。

さて、宇宙から運ばれた特別な水は、
「金」という名前で呼ばれるようになりました。
それはとても大切で、尊いものでしたので、人々の間で、
大事に運ばれ、潤されました。
その水は、今という時のために、
多くの時間をかけて、じっくりと準備されたのです。
最近は、金の水もどんどん進化して、
見える水から、見えない水――エナジーウォーターとなって、

いよいよ溢れんばかりに、地球全体を覆うようになりました。
さあ、これで準備は完了です。

次にすべきことは、人々に、金の水の、本当の姿に気づいてもらうこと。

そうすれば、金の水が持つ、本来の力がよみがえって、
種や芽を、すくすくと成長させて、大きくしてくれるからです。
金の水は、人々の、真ん中の心とつながった時に、
どんどん活性化して、ぐんぐん力を発揮するようなのです。

やがて、つぼみをつけた茎からは、いよいよ、
待ちに待った、大輪の花が咲きほこります。
その花は愛の花、いのちの花、あなたの花。
それぞれが、宇宙にたったひとつしか咲かない奇跡の花でした。

あなたの花が咲くと、地球は喜び、歌いだします。
宇宙も喜び、踊りだします。

宇宙から見ると、あなたの花は、キラキラ輝く万華鏡のようにも見えます。
一つ、またひとつ、花が開くたびに、光と光が溶け合いながら、
かぐわしい香りを、あたり一面に漂わせるのです。

そうして、あちこちで、花が咲き始めると、
花の奥からは、たくさんの笑い声が聞こえてきました。
花々に囲まれた地球は、まるで、光のお花畑のようです。
その光は、遠い宇宙にまで伝わるようになりました。
青く呼吸する水の珠《たま》――地球は、輝く花々に包まれながら、
愛のダンスを踊っています。

その姿は、他の星たちをうっとりとさせ、
他の星たちをも、輝かせてしまう力がありました。
そうして、次々と、星々が光る珠となっていったのです。

やがて、それは光の洪水となって、
宇宙の中心に吸い込まれていきました。

どのくらい時がたったのでしょう？
眼に見えるのは、何もない真っ暗闇の空間です。
どこまでも拡がる暗黒の空です。

けれども、それをじーっと見ていると、
あれ？　ちらりちらりと輝くものが見えてきました。

これは何？

目をこらすと、懐かしくて、かぐわしい香りとともに、光る花が見えました。
その花に目を向けた途端、青くて美しい星が目に飛び込んできました。
その星は、嬉しそうに微笑んで、花々をいだいています。

その姿を見た途端、宇宙が一斉に点滅し始めたのです。
真っ暗だった空間に、突然光が投げ入れられ、
一つひとつがまばゆく輝き出しました。
それは今まで、見たこともない風景でした。

こうして、青い星も、他の星々も、
新たなるステージを生きるようになりました。

もちろん、きっかけとなった花々と、それを育てた花の畑たち――NINGENも、共に、新しいステージで振動し始めるようです。

そんな姿を見て、宇宙の始まりの始まりにいる天の父は、にっこりほくそえみ、つぶやきました。

すべてよし、これでよし。
嬉しいなぁ、楽しいなぁ、満ちているなぁ。
すべては完璧で、完全だ。

人間の中に宿ってみるのは、
最高の体験だったなぁ。

こうして、一つの物語は幕を閉じ、

すぐさま、新しい物語が始まりました。

さあ、これから始まるあなたの物語、何を紡いで表しましょうか?

はせくらみゆき
画家、作家、教育家。芸術や科学、経済まで、ジャンルに囚われない幅広い活動からミラクルアーティストと呼ばれる。とりわけ詩情あふれる絵画は、日本を代表する美術家の一人として、国内はもとより世界の美術シーンで活躍中。2017年には芸術活動における平和貢献として、インド国立ガンジー記念館より「国際平和褒章」を授与される。主な著書に『宇宙とあっさりつながる最強のワークブック』(かんき出版)、『[小食・不食・快食]の時代へ』(ワニブックスプラス新書)、『こうすれば、夢はあっさりかないます!』(サンマーク出版)、『チェンジ・マネー』(きれい・ねっと)他多数。一般社団法人あけのうた雅楽振興会代表理事。インサイト・リーディング開発者。三児の母。
はせくらみゆき公式HP:http://hasekura-miyuki.com/

宇宙を味方につける
リッチマネーの秘密

第1刷　2017年4月30日
第4刷　2024年3月30日

著　者　はせくらみゆき
発行者　小宮英行
発行所　株式会社徳間書店
〒141-8202　東京都品川区上大崎3-1-1
目黒セントラルスクエア
電　話　編集(03)5403-4344／販売(049)293-5521
振　替　00140-0-44392
印　刷　本郷印刷株式会社
カバー印刷　真生印刷株式会社
製　本　ナショナル製本協同組合

ISBN978-4-19-864388-1